红色广东丛书

广东中央苏区

蕉岭革命简史

中共广东省委党史研究室
中共梅州市委党史研究室
中共蕉岭县委党史研究室
编著

SPM
南方出版传媒
广东人民出版社
·广州·

图书在版编目（CIP）数据

广东中央苏区蕉岭革命简史 / 中共广东省委党史研究室，中共梅州市
委党史研究室，中共蕉岭县委党史研究室编著. —广州：广东人民出版社，
2021.6

（红色广东丛书）

ISBN 978-7-218-15020-8

Ⅰ. ①广… Ⅱ. ①中…②中…③中… Ⅲ. ①中央苏区—革命史—
蕉岭县 Ⅳ. ① K269.4

中国版本图书馆 CIP 数据核字（2021）第 099827 号

GUANGDONG ZHONGYANG SUQU JIAOLING GEMING JIANSHI

广 东 中 央 苏 区 蕉 岭 革 命 简 史

中共广东省委党史研究室
中共梅州市委党史研究室　编著
中共蕉岭县委党史研究室

版权所有　侵权必究

出 版 人：肖风华

责任编辑：沈海龙
封面设计：河马设计　李卓琪
责任技编：吴彦斌　周星奎
排版制作：广州市广知园教育科技有限公司

出版发行：广东人民出版社
地　　址：广州市海珠区新港西路 204 号 2 号楼（邮政编码：510300）
电　　话：（020）85716809（总编室）
传　　真：（020）85716872
网　　址：http://www.gdpph.com
印　　刷：广东鹏腾宇文化创新有限公司
开　　本：787 mm × 1092 mm　1/16
印　　张：10.25　　　　字　数：107 千
版　　次：2021 年 6 月第 1 版
印　　次：2021 年 6 月第 1 次印刷
定　　价：38.00 元

如发现印装质量问题，影响阅读，请与出版社（020 － 85716849）联系调换。
售书热线：（020）85716826

《红色广东丛书》编委会

总　序

　　百年征程波澜壮阔，百年大党风华正茂。习近平总书记在党史学习教育动员大会上指出："我们党的一百年，是矢志践行初心使命的一百年，是筚路蓝缕奠基立业的一百年，是创造辉煌开辟未来的一百年。"翻开风云激荡的百年党史，一代又一代中国共产党人，用鲜血和生命浸染了党旗国旗的鲜亮红色，书写了可歌可泣的历史篇章，铸就了彪炳史册的丰功伟绩。一百年来，党的红色薪火代代相传，革命精神历久弥坚，红色基因已深深根植于共产党人的血脉之中，成为我们党坚守初心、永葆本色的生命密码。

　　广东是一片红色的热土，不仅是近代民主革命的策源地，也是国内最早传播马克思主义、最早成立共产党早期组织的省份之一。在新民主主义革命的漫长历程中，广东党组织在中共中央的领导下，发动、组织和领导广东人民开展了一系列广泛而深远的革命斗争。1921年，广东党组织成立后，积极开展工人运动、青年运动，并点燃农民运动星火。

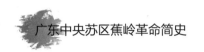

第一、二、三次全国劳动大会连续在广州召开，全国工人运动的领导机关——中华全国总工会在广州诞生。中国社会主义青年团第一次全国代表大会在广州召开，促进了全国团组织的建立、发展。在"农民运动大王"彭湃领导下，农潮突起海陆丰影响全国。

1923年，中共中央机关一度迁至广州，中国共产党第三次全国代表大会在广州召开，推动形成了第一次国共合作，建立了国民革命联合战线，掀起了大革命的洪流。随后，在共产党人的建议下，黄埔军校在广州创办，周恩来等共产党人为军校的政治工作和政治教育作出了重要贡献，中国共产党也从黄埔军校开始探索从事军事活动。在共产党人的提议下，农民运动讲习所在广州开办，先后由彭湃、阮啸仙、毛泽东等共产党人主持，红色火种迅速播撒全国。1925年，广州和香港爆发省港大罢工，声援五卅运动，成为大革命高潮时期一个十分引人注目的重要斗争。1926年，在统一广东革命根据地后，国民革命军在广州誓师北伐，以共产党员为骨干的北伐先锋叶挺独立团所向披靡，铸就了铁军威名。在北伐战争胜利推进的同时，广东共产党组织和党领导的革命队伍迅速扩大和发展，全省工农群众运动也随之进入高潮。

1927年"四一二"反革命政变以后，广东共产党组织在全国较早打响反抗国民党反动派血腥屠杀的枪声，广州起义与南昌起义、秋收起义一起，成为中国共产党独立领导中国革命、创建人民军队的伟大开端。随后，广东党组织积极探索推进工农武装割据，在海陆丰建立第一个县级苏维埃政权，并率先开展土地革命，开启了中国共产党领导人民进行的最重大的社会变革。与此同时，广东中央苏区逐步创建和发展起来，为中国革命的发展作出了不可磨灭的贡献。1931年，连接上海中共中央机关与中央苏区的中央红色交通线开辟，交通线主干道穿越汕头、大埔，成功转移了一大批党的重要领导，传送了重要文件和物资，成为土地革命战争时期党的红色血脉。1934年，中央红军开始了举世瞩目的长征，广东是中央红军从中央苏区腹地实施战略转移后进入的第一个省份，中央红军在粤北转战21天，打开了继续前进的通道，成功走向最后的胜利。留守红军在赣粤边、闽粤边和琼崖地区进行了艰苦卓绝的游击战争，高举红旗永不倒。

抗战全面爆发后，中共中央和中共中央长江局、南方局十分重视和加强对广东党组织的领导，选派了张文彬等大批干部到广东工作。日军侵入广东以后，广东党组织奋起领导广东人民开展敌后抗日游击战争，成立了东江纵队、琼崖纵队、珠江纵队、广东人民抗日解放军、南路人民抗日解放军和韩江纵队等抗日武装，转战南粤辽阔大地，战斗足迹遍及70多个县市。华南敌后战场成为全国三大敌后抗日战场之一，党领导的广东人民抗日武装被誉为华南抗战的中流砥柱。香港沦陷以后，在中共中央的领导和周恩来等人的精心策划安排下，广东党组织冲破日军控制封锁，成功开展文化名人秘密大营救，将800多名被困香港的文化名人、爱国民主人士及家眷、国际友人等平安护送到大后方，书写了抗战史上的光辉一页。

解放战争时期，在中共中央的领导下，华南地区大力开展武装斗争，开辟出以广东为中心的七大块游击根据地，成立了中国人民解放军琼崖纵队、粤赣湘边纵队、闽粤赣边纵队、桂滇黔边纵队、粤中纵队、粤桂边纵队和粤桂湘边纵队等人民武装，其中仅广东武装部队就达到8万多人，相继解放了广东大部分农村，在全省1/3地区建立起人民政权，为广东和华南的解放创造了有利条件。在广东党组织的配合下，人民解放军南下大军发起解放广东之役，胜利的旗帜很快插遍祖国南疆。

革命烽火路，红星照南粤。广东见证了中国共产党从新生到大革命、土地革命，再到抗日战争、解放战争等革命斗争全过程。其间，毛泽东、周恩来、刘少奇、朱德、邓小平、叶剑英、彭德怀、刘伯承、贺龙、陈毅、聂荣臻、徐向前、李富春、粟裕、陈赓等老一辈革命家和李大钊、蔡和森、瞿秋白、陈延年、彭湃、叶挺、杨殷、邓发、张太雷、苏兆征、杨匏安、罗登贤、邓中夏、恽代英、萧楚女、阮啸仙、张文彬、左权、刘志丹、赵尚志等一大批革命先烈都在广东战斗过，千千万万广东优秀儿女也在革命斗争中抛头颅、洒热血，留下了光照千秋的革命历史和革命精神。广东这片红色热土，老区苏区遍布全省，大大小小的革命遗址分布各地，留下了宝贵而丰厚的红色文化历史遗产。

习近平总书记强调，中国革命历史是最好的营养剂。重温这部伟大历史能够受到党的初心使命、性质宗旨、理想信念的生动教育，必须铭记光辉历史、传承红色基因。我们有责任把党领导广东人民进行革命斗争的光辉历史和伟大功绩研究深、挖掘透、展示好，全面呈现广东红色文化历史，更好地以史铸魂、教育后人，让全省人民在缅怀英烈、铭记历史中汲取砥砺奋进的强大力量，让人们深刻认识红色政权来之不易，新中国来之不易，中国特色社会主义来之不易，确保红色江山的旗帜永远高高飘扬。

为充分挖掘广东红色文化资源的丰富内涵，我们组织省内党史、党校、社科、高校等专家学者，集智聚力分批次编写《红色广东丛书》。丛书按照点面结合、时空结合、雅俗结合原则，分为总论、人物、事件、地区、教育五个版块。总论版块图书，主要综述中国共产党在广东的革命斗争历史概况，人物版块图书主要讴歌广东红色人物，事件版块图书主要论说党领导广东人民开展革命斗争的历史事件，地区版块图书从地市和历史专题角度梳理广东地域红色文化，教育版块图书着力打造面向青少年及党员的红色主题教材。丛书以相关的文物、文献、档案、史料为依据，对近些年来广东红色文化资源研究成果做了一次全面系统梳理，我们希望这套丛书能为党史学习教育、革命传统教育、爱国主义教育提供重要内容支撑。

一切向前走，都不能忘记走过的路，走得再远、走到再

光辉的未来，也不能忘记走过的过去，不能忘记为什么出发。站在"两个一百年"的历史交汇点上，我们要更加坚定自觉地学史明理、学史增信、学史崇德、学史力行，赓续红色血脉，传承红色基因，以一往无前的奋斗姿态、风雨无阻的精神状态，推动广东在全面建设社会主义现代化国家新征程中走在全国前列、创造新的辉煌。

《红色广东丛书》编委会

2021 年 6 月

中共蕉岭县委成立旧址

三达学校——蕉岭县第一个
党支部（中共九岭支部）旧址

赖氏宗祠——红四军宿营地旧址

　　1928年1月4日至6日，中共蕉岭县委
发动了新铺武装暴动。这次暴动与东江各县
的武装暴动相呼应，达到了打击和牵制敌人
的目的。图为新铺圩

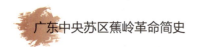

中共蕉城区委旧址

谢氏宗祠——中共蕉平县委机关旧址

创兆学校——抗日东区服务队旧址

蕉岭县（东岭）革命历史纪念馆

杭武蕉梅边县委机关遗址（尚田村）

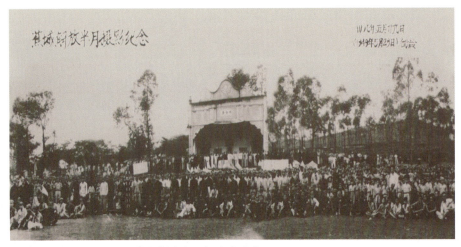

1949 年 5 月 29 日，蕉岭各界庆祝解放半月盛况

蓝坊肚战斗纪念园

镇山革命烈士纪念碑

| 目　录 |

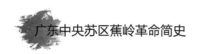

第四章　解放战争时期

后　记

前　言

　　蕉岭县具有悠久的革命斗争历史，2013 年 7 月被中共中央党史研究室确认为原中央苏区范围。

　　1927 年 7 月，中共蕉岭县第一个党支部在三圳九岭村成立，9 月，九岭支部升级为中共蕉岭县特别支部。1927 年 12 月，中共蕉岭县委员会在新铺尖坑成立。1928 年 1 月 4—6 日，中共蕉岭县委根据上级党组织指示，精心策划并发动了震惊闽粤赣边的新铺武装暴动，揭开了蕉岭土地革命工农武装斗争的序幕。至 1928 年 8 月止，蕉岭的中共地方组织在九岭村（三圳乡）、油坑村（新铺区）、三坑村（徐溪乡）、黄沙村（徐溪乡）、左槐村（南礤乡）、乌土村（文福乡）、尖坑村（同福乡）等乡村建立了农民协会和赤卫队，并以这些据点为基础逐步向外扩大影响。9 月，组建了东江（蕉岭）红军独立营。到 1929 年春，蕉岭红军独立营人数已达 150 多人（未计各村赤卫队）；党组织也进一步巩固发展，党支部达 12 个，全县党员发展到了 150 多人。1929 年 5 月底，成立了蕉平红军独立营。

　　1929 年 10 月 19 日，朱德、陈毅、朱云卿等率领红四军三个

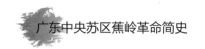

纵队共 6000 多人,从福建上杭、武平县城直抵梅县松源集结。10月 23 日晚,红四军进入蕉岭县境内,中共蕉岭县委立即派刘安、陈顺侯等带领农民赤卫队前往边界迎接。24 日凌晨,红四军顺利占领蕉岭县城。当天上午,朱德军长在蕉城老南街口武衙门坪发表了演说,宣传共产党和红军的政治主张,申明红军是共产党领导的人民军队,是工农的子弟兵,是为穷人打天下谋幸福的武装队伍,号召人民要团结起来,打土豪分田地,废除苛捐杂税,废除帝国主义在中国的统治和特权,打倒国民党反动派,建立苏维埃政权。当晚,红军大部队在蕉岭西街、西门背一带宿营。25 日凌晨,红四军从蕉城出发经闽粤边界重镇新铺停留近两个小时,红军在大路旁的墙壁上书写了"没收土地分给农民""取消帝国主义在中国的特权"等标语,随后直抵梅县。红四军进入蕉岭,扩大了共产党和红军的政治影响,提高了人民群众对共产党和革命军队的认识和理解,为蕉岭革命指明了方向,加速了蕉岭革命力量的发展壮大。

1930 年 4 月,在中共蕉平县委书记鲁达的主持下,中共蕉岭县革命委员会宣告成立,赖清芳任主席,邓崇卯、鲁达、陈德明为委员。10 月 10 日,中共蕉岭县革命委员会在三坑下畲村召开工农兵代表大会,在邓崇卯的主持下,蕉岭县三坑苏维埃政府宣告成立。至 1930 年年底,蕉岭苏区不仅建立了县级苏维埃政权,也充实了蕉平红军独立营以及各村赤卫队的武装组织,同时进行了打土豪、分田地斗争,蕉岭苏区开始进入了土地革命斗争的全盛时期,为蕉平寻苏区的建立创造了有利的条件,打下了坚实的基础。

1931年1月15日，蕉（岭）平（远）寻（乌）县委县苏维埃政府成立后，蕉岭（蕉平寻）苏区进行了更全面、更彻底的打土豪、分田地、分粮食牲畜的斗争。与此同时，中央苏区在蕉岭建立了牢固的红色交通运输线，紧缺物资源源不断地送往赣南苏区，这条运输线史称"列宁路"。蕉岭成为拱卫中央苏区的南部屏障。

1934年10月，中央红军长征后，蕉岭地方党组织领导的革命武装仍然坚持斗争，辗转于闽粤赣边，战斗在崇山峻岭之间，有力地打击了国民党军队的嚣张气焰，牵制了部分追击红军的国民党军队。

全民族抗日战争爆发后，中共蕉岭地方组织坚持高举抗日旗帜，团结进步力量，呼吁共同抗日，开展救亡运动，并不断发展和壮大地方党组织的力量。

解放战争时期，蕉岭地方党组织领导的革命武装在上级党组织的领导下，发动群众积极开展武装斗争。1948年3月2日，粤东支队攻克蕉城，威震闽粤赣边。蕉城是解放战争中闽粤赣边第一个被攻克的县城。1949年5月14日，中国人民解放军闽粤赣边纵队在地方游击队和国民党起义部队的配合下，解放了蕉岭全境。

习近平总书记说："一切向前走，都不能忘记走过的路；走得再远、走到再辉煌的未来，也不能忘记走过的过去，不能忘记为什么出发。"《广东中央苏区蕉岭革命简史》是革命先辈用鲜血和生命书写的历史篇章，是蕉岭人民宝贵的精神财富。该书系统、

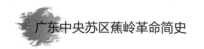

客观地反映了新民主主义革命时期中共蕉岭地方组织领导全县人民进行艰苦斗争的历史，是一本有史料价值的地方党史读物，也是一本进行革命传统教育和爱国主义教育的生动教材。学史明理、学史增信、学史崇德、学史力行，通过学习《广东中央苏区蕉岭革命简史》，了解蕉岭的过去，展望蕉岭的未来，在以习近平同志为核心的党中央坚强领导下，把蕉岭苏区建设得更加美好。

第一章

党的创建和大革命时期

第一节　中共蕉岭地方组织建立前的社会政治经济状况

一、中共蕉岭地方组织建立前的状况

蕉岭县位于广东省东北部，韩江上游，西邻平远县，东南与梅县区接壤，北与福建省武平县、上杭县相连。205国道、国家高速公路网络主干线天汕高速公路贯穿南北。全县总面积960平方千米，约占全国陆地总面积的万分之一，其中山地76778.51公顷，耕地8893.93公顷。

蕉岭县历史悠久。县内新石器遗址的发现，说明三四千年前已有人类在此居住。汉朝时蕉岭县属揭阳县地，南朝齐以后属程乡县地。明嘉靖四十三年（1564年）后属程乡和平远县地。明崇祯六年（1633年）始设镇平县，隶属潮州。清雍正十一年（1733年），程乡升级为嘉应州，归辖于嘉应州。1914年为区别于河南省先已设置的镇平县，乃易名为蕉岭县。因城北有座小山岗称蕉岭，故名。

19世纪40年代之前，蕉岭一直都是以农业为主体的自给自足的自然经济。1840年以后，英国凭借坚船利炮发动侵略中国的鸦片战争，迫使清政府屈服，订立了许多不平等条约，中国逐渐沦为半殖民地半封建社会。

西方帝国主义势力侵入镇平县（1914年易名为蕉岭县）后，设立教堂，开办洋行商肆，倾销鸦片和洋货，并与封建官绅勾结，对广大农民进行精神麻痹和经济盘剥；农民的土地不断被侵占、兼并，生活更为困窘。到了民国初年，天灾人祸接连不断，军阀混战狼烟四起，豪绅官僚地主压迫剥削加剧，农民被迫破产，日益赤贫化。为封建势力所主宰的蕉岭社会，土豪劣绅权力很大，他们与官府沆瀣一气，狼狈为奸，对农民实行层层压榨，苛捐杂税多如牛毛。在农村，绝大部分土地为公尝所有，但实际上掌握在乡绅、地主和管理人手中，85%以上的农民没有土地，全靠佃耕或租种公尝、地主的土地过活，受地租和高利贷的剥削。这时的地租和高利贷是历代封建社会最为严重的。一般田租是租六佃四[①]，高利贷是借一还三，三四月份粮荒时借粮一担，夏收时则要还粮三担。

此外，苛捐杂税名目繁多。农民除上缴朝廷的正税外，还要负担许多地主征收的各类杂税。光绪十五年（1889年）夏，镇平县普降暴雨，洪水肆虐。三圳的泗溪堤、冻车堤被冲垮，三圳一带无数农田被淹，房屋被毁，饿殍遍野，满目疮痍，致使广大农村破产者甚众，人民生活极度贫困，纷纷出走中国台湾、南洋谋

---

① 出者租占六成，佃耕者为四成。

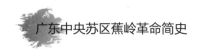

生，有的被当成"猪仔"卖到南洋甚至美洲各地当契约华工。各地官吏还借实行"新政"，大肆搜刮民财，从州到各县、各乡保，无官不贪，无吏不污。政府完全无能力制止各地大小官吏的营私舞弊行为，一些土豪劣绅更依靠官府势力，横行乡里，鱼肉百姓，肆无忌惮，政治黑暗已达顶点，社会矛盾异常尖锐。

二、马列主义的传播与五四运动对蕉岭的影响

19世纪末，中国的资产阶级开始登上历史舞台。许多有识之士纷纷响应和参加孙中山先生旨在推翻清朝、建立民主政府的资产阶级民主革命。从1900年起，不少镇平籍华侨就开始跟随孙中山"澄清天下"，在南洋一带筹款、办报，支持孙中山，宣传民主共和的思想。1905年，中国同盟会在日本东京成立。镇平籍的丘仙根、钟公任、吴伟康、曾稚南、林修明、吴公辅、林梧冈、罗福星、邓祝三等先后追随孙中山，加入了同盟会组织。他们与革命先行者一道，为推翻帝制、建立共和国而斗争。

1912年1月1日，中华民国宣告成立，定都南京，孙中山当选为临时大总统。

资产阶级领导的辛亥革命，推翻了帝国主义势力所支持的清政府，建立了中华民国。这是近代中国比较完全意义的一次资产阶级民主主义革命，它结束了延续中国2000多年的封建帝制，在

中国大地上树立起民主共和国的旗帜，有力地促进了中华民族的觉醒，同时，对于推动中国的社会进步，促进中国人民的思想解放起到了一定的作用。但从根本意义上说，辛亥革命没有也不可能使中国社会实现真正的民主政治和民族独立，更没有改变中国半殖民地半封建的社会性质，国家统一的局面很快被军阀混战所取代。

1911 年 12 月 12 日，镇平随着梅州的和平光复而得到光复，光复后成立了县议会，选出了 20 名议员。因为不能从根本上解决任何问题，不久议会被取消，实行县制，如同从前的县衙一样。1914 年，蕉岭知事通令县属各校员生数千人，在孔庙前集会祭祀。这对当时蕉岭城乡的革命分子来说，是一种打击，也是一种考验，旧的道路走不通了，就必须寻找新的出路。

1915 年，以陈独秀主编的《青年杂志》（后改名为《新青年》）的出版为标志，逐渐兴起了一场全国性的以民主和科学为旗帜，向封建传统的思想、道德和文化宣战的新文化运动。当时，陈独秀、李大钊、鲁迅、胡适等都是新文化运动的先驱。他们猛烈抨击当时中国社会黑暗腐败的现状和封建专制的罪恶，对孔孟之道进行痛快淋漓的鞭挞。也有一些著名的文化人士到蕉岭活动，如梅县人张资平等。他们积极参与新文化运动，反对封建专制的政治制度，要求民主；反对封建礼教和旧道德，要求个性解放和思想解放；反对迷信，提倡科学；反对旧文学，提倡文学革命，主张用白话文代替文言文。他们以学校为阵地，以编辑出版学校校刊的形式公开发表文章，抒发自己的观点。其中张资平的著述较

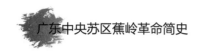

多，大都是诗和散文，内容多是反映要求个性解放、反对封建礼教、提倡男女平等和恋爱自由等。

进步思想在蕉岭的传播，还以外出求学的青年学生为媒介，通过寄送《新青年》《社会主义史》《唯物主义史观》《阶级斗争》《新潮》等新文化运动的进步书刊，使蕉岭青年师生得以接受新的理论观点和进步思想。此外，蕉岭还有不少的华侨知识分子在南洋办学、办报，如钟公任、吴公辅、吴伟康等在印度尼西亚首都巴达维亚主办《天声报》等。他们较早地接受了革命思想，眼界开阔，思想活跃，爱国热情高涨。辛亥革命的胜利果实被袁世凯窃取后，他们对袁世凯的卖国行径表示了极大的愤慨。如钟公任在袁世凯恢复帝制时，当即发表《讨袁记》檄文，给予猛烈抨击；后又陆续发表《救国津梁》等文章，强烈谴责帝国主义在中国的侵略罪行。

五四运动以前的新文化运动，主要仍是资本主义新文化反对封建主义旧文化的斗争，属于资产阶级旧文化革命的范畴；但它是近代中国历史上一次重大的思想启蒙运动，极大地解放了人们的思想，激发了蕉岭人民特别是广大青年对国家民族命运的关注和追求真理的热情。1915年，蕉岭知县罗兆藩拥护袁世凯称帝，在县署内演戏，并大办筵宴3天示庆。罗兆藩的倒行逆施，当即受到青年学生和全县各界进步人士的强烈反对。罗兆藩成为众矢之的，遂于次年5月的一天午夜微服出署，投塘而死。

1919年5月4日，北京大学等13所学校的学生3000余人在天安门前集会，举行示威游行。五四爱国运动的消息传来，蕉岭立即掀起了声势浩大的声援和支持北京学生的爱国运动热潮。县立蕉岭中学（简称蕉岭中学）的学生旋即组织全县"中小学生联合会"，总部设在蕉岭中学，全县各中小学成立分会。蕉岭中学"中小学生联合会"的主要负责人有丘宗英、涂思竟、林享辉等5人。三圳公学（三圳晋元中学前身）主要负责人有涂特仁、邓丙奎、钟慕光、赖敬程、钟仁香等。城区公学、城北小学和新铺公学、五全小学、牖民小学等分别成立了"中小学生联合会"分会。

蕉岭中学首先召集全县各校学生代表召开会议，并在校刊首版刊登声援五四爱国运动的稿件，同时在蕉岭中学广场举行演讲会，各校代表先后登台演讲，一致要求惩办卖国贼，释放被捕学生，废除不平等条约。接着，全县中小学生集会于县城，举行"抗日救国，抵制日货"示威游行。参加示威游行者个个手持写有标语的三角旗，高呼口号，向全县群众广泛宣传，劝告商民，不要销售日货，群众不要购买日货。此后，每逢圩日由各学校分派学生代表到各圩市向群众继续做广泛的宣传，并不定时到各商店检查，如发现日货，即行封存，没收焚毁。同时，在大街小巷张贴标语，悬挂横额，发布文告。其中有一则劝告商民"抗日救国，抵制日货"的文告："抵制日货，挽回权利。劝告商民，各坚乃志。密约条条，置我死地。诱迫袁贼，灭我族类。接踵军阀，变本加厉。靠外虐民，营私舞弊。全国同胞，能不气愤？团结起来，除此败类。外争国权，内惩国贼。不达目的，再接再厉。炎黄子孙，共伸浩气。振兴中华，永昌于世。"

同年6月以后，"中小学生联合会"组织假期青年学生宣传队深入工厂、乡村，配合爱国运动开展宣传活动。宣传队在街头演说，在乡村演抗日救亡的白话戏，内容形式多样，群众喜闻乐见。通过这些宣传活动，城乡人民接受了一些新思想，青少年受到启迪，山区民众也都起来参加拯救中国的行动，同时也为蕉岭知识分子走与工农相结合的道路开了个好头。

蕉岭这场以学生为主体的群众爱国运动，持续了数年。每年的"五四"纪念日，全县各中小学都行动起来，或集会，或游行，使五四运动的影响波及城乡的各个角落，深深地烙印在人们的心里。

随着五四运动的深入发展，新文化新思想得到进一步传播。在学校，运动打破了师道尊严的界限，教职员积极主动起来协助青少年学生宣传演讲，演剧或编剧、导演，扫除了学校长期以来闭塞、沉闷的风气。原来各个学校都还有一些反对白话文、坚持以文言文教课的老教师，现在也不再反对白话文了。各校还创办了校刊，许多进步青年积极为校刊撰稿，为民族的振兴，为民众精神的振奋，慷慨激昂，呼号呐喊。其中以《蕉岭校刊》最为突出，该刊经常转载报道国内各大中城市的新人、新事，介绍进步思想和新文化的发展动态，并经常有短评或议论文，内容活泼清新，极富感染力。当时国内最具影响力的刊物、书籍，如《新青年》《唯物主义史观》《社会主义史》《阶级斗争》《新潮》等也通过各种渠道传入蕉岭，成了进步青年、学生喜爱的读物。有些进步的青年教师不仅自己经常阅读这些进步书刊，还推荐或指导学生阅读。

　　五四爱国运动的影响，进步思想的启迪教育，使一部分青年学生如钟慕光、张宏昌、钟占文、刘安、邓崇卯、陈顺侯等的思想发生了急剧的变化。他们认识和选择了马克思主义和社会主义，成为蕉岭早期的马克思主义接受者和传播者。他们有崇高的理想信念和救国救民的抱负。后来他们又到广州、北京等地读书，并很快加入了中国共产党或社会主义青年团，走上了革命的道路。同时，相当一部分学校和农村青年通过阅读宣传民主主义、社会主义思想的刊物，提高了思想觉悟，激发了爱国热情，为后来的国民革命乃至中国共产党组织在蕉岭的建立做了理论上的宣传，奠定了思想基础。

第二节　蕉岭党团组织的建立

一、社会主义青年团在蕉岭的建立

蕉岭青年在经历了五四运动的陶冶洗礼后，进步思想和对革命的认识日趋成熟。1922年3月初，依照社会主义青年团总团的意见，通过对青年团员的重新登记，确立了社会主义青年团蕉岭县分团组织的存在。谭平山在1922年3月6日《致国昌先生》的信中写道："当时，肇庆、佛山、梧州、东莞、蕉岭等六个地区组织了（青年团）分团。"蕉岭县青年团组织建立后，青年学生更加踊跃地参与各种社会活动，革命热情空前高涨，成为蕉岭的重要革命力量。

随着革命斗争的深入，蕉岭县青年团组织也继续发展，三圳、蕉城、新铺的团组织相继建立起来。1924年8月，社会主义青年团蕉岭县分团选派了团员丘汉松到第二届农民运动讲习所学习。1924年12月，社会主义青年团广东区委秘书刘尔崧将宣传资料直接寄给蕉岭社会主义青年团的活动阵地——蕉岭中学书报室。

1926年11月下旬，共产主义青年团梅县地方第一次代表大会在梅城召开，出席代表 60 人，代表团员 400 多人。这次大会成立了共青团梅县地方委员会（辖梅县、兴宁、五华、蕉岭、平远及江西寻乌、福建武平等地），选举谢慰然为书记，陈劲军为组织部部长、李仁华为宣传部部长、卢其新为学生部部长、蓝柏章为妇女部部长、肖向荣为秘书。蕉岭团组织隶属于梅县团委领导。

1927 年，蒋介石发动四一二反革命大屠杀后，蕉岭县在外地参加革命斗争活动的青年学生纷纷返回家乡，成立了中共蕉岭地方组织，同时吸收了一批进步的城乡青年加入了共产主义青年团，如钟焕炎、钟洪江等。1929 年，蕉岭中学成立中国共产主义青年团支部，支部书记林集思；成员有张志民、钟洪汉、钟焕炎、钟洪江、张思科、钟新桂、赖赞嵩等。中国共产主义青年团蕉岭中学支部在宣传马列主义和闹学潮中发挥了重要作用。

继蕉岭中学建立团支部后，新铺、蕉城的团支部也建立了起来，隶属共青团梅县特别支部，新铺团组织负责人是陈承昌。1931 年 1 月，蕉（岭）平（远）寻（乌）党团代表大会在江西寻乌黄田召开，会议宣布成立中国共产主义青团蕉平寻县委，曾不凡当选为书记，下设 9 个团委，中共蕉岭设新铺和蕉城两区。同年 4 月，中共蕉平寻县委分配共青团发展任务，蕉城、新铺两区共发展团员 27 名。7 月，蕉平寻团县委向各区发出发展壮大团组织的通知，3 个团员以上设立团支部，3 个团支部以上设立团区委。蕉岭团组织在这一时期得到迅速的发展，并成为革命的重要力量。

二、国民革命军东征的胜利对蕉岭的影响

1924年10月，直系军阀冯玉祥发动北京政变，囚禁曹锟，电请孙中山北上。11月，孙中山抵沪，发表了接受召开国民会议主张的《北上宣言》。当时，盘踞在东江惠、潮、梅地区的反动军阀陈炯明，在英帝国主义和北洋军阀段祺瑞的怂恿下，乘孙中山北上之机，发动叛乱，妄图推翻革命政府。为了打垮陈炯明的反动势力，在中国共产党的积极推动下，广东革命政府组织革命军进行了两次东征。

1925年2月初，革命军进行第一次东征，以黄埔军校的学生为主力，以共产党员和青年团员为骨干，组成黄埔军校教导第一团、第二团。东征军在周恩来等率领下，得到海丰、陆丰农民的有力支援，于3月在惠州、潮州击溃陈炯明部3万多人，陈炯明本人逃往香港。6月，因盘踞广州及附近的军阀刘震寰、杨希闵在广州发动叛乱，东征军自东江回师广州。

第一次东征时，粤军二师在张民达、叶剑英率领下，于1925年3月18日攻占潮州后，分拨一部向饶平黄岗追击，大部则北上；20日，由丰顺留隍越山抵达梅县长沙圩，次日占领梅城。当天，广州大元帅府任命张民达为梅县绥靖署督办，叶剑英为梅县县长，负责留守梅县。22日，张民达率二师三旅和四旅分别向平远、蕉岭追击。由二师第三旅旅长张和率领的东征队伍经石扇、新铺直插蕉岭县城，打击盘踞在蕉城镇一带的陈炯明部下林虎、刘志陆部。24日，驻扎在蕉城的林虎、刘志陆部约一个营的兵力占据有利地形，构筑工事，在镇山楼、宁息亭、鸭麻角一带摆开阵势，负隅顽抗。战斗打响后，枪声不断，炮声震天，东征军官兵英勇善战，攻势凌厉，激战半天，叛军大部分被歼，余部向文福方向溃逃，窜入福建武平境内。

东征军进驻蕉城后，即出示安民布告，召开民众大会，安定民心。部队在城北学校、徐家祠、钟家祠、黄家祠、大禾坪、荆花吟屋等处宿营，军纪严明，秋毫无犯；帮助群众劈柴挑水，大搞环境卫生，受到群众称赞。政治部工作人员热情宣传孙中山"联俄、联共、扶助农工"三大政策，关心地方的党务建设。部队还派出政工人员搞调查研究，搞军民联欢，组织演讲，散发传单，召集各界人士座谈会；宣讲《东征宣言》，阐明东征的宗旨和意义，唤醒民众投入反帝反封建的斗争，使蕉岭民众受到深刻的教育。3月25日，张民达师长率东征队伍由平远移师驻防蕉岭，以防陈炯明残部再度由福建窜扰广东。

东征军来蕉岭平叛，受到蕉岭人民的热情欢迎和大力支持。东征军进入蕉岭境内时，新铺的张日运、赖传喜等主动组织宣传队，发动城乡居民热情欢迎，送茶送水，并派人协助东征军侦察敌情。东征军驻防蕉城后，蕉岭通过工会、学联会等组织动员各界人士支援平叛告捷的东征军。据1923年《蕉岭县议事录》记载：3月至4月上旬，北礤乡送东路讨贼军游击第一支队司令部军米30石、菜银7000毫、被帐50张，其他零星未计外，实共费去银600元。

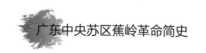

1925年9月，陈炯明在帝国主义和国内反动派的支持下，重占潮州、汕头，并向广州进攻。广东革命政府为了彻底消灭反革命军队，统一广东革命根据地，于10月1日举行第二次东征。东征军以国民革命军第一军和学生军的一个教导团为主力，由蒋介石任总指挥，汪精卫为党代表，周恩来任政治部主任，统率一、二、三纵队，分三路向惠州、潮汕、梅州挺进。10月14日，东征军在省港罢工工人和东江农民的配合下攻占惠州，全歼陈部1.2万人，完全收复东江。

1925年12月，中共广东区委决定，成立中共潮梅特别委员会，在潮梅地区开展工作。在中共潮梅特委领导下，蕉岭加快了党团组织建设的步伐，蕉岭中学成为宣传革命的重要阵地，三圳公学的钟慕光、赖敬程等成为群众斗争的骨干。广东国民革命政府的两次东征及胜利，不仅使广东成为全国革命的中心，也促进了蕉岭民主革命运动的兴起和发展。

三、国民革命运动在蕉岭的兴起

国民党第一次全国代表大会的召开和东征的胜利，为工农运动的开展创造了有利的条件。在国民党掌管的地区，工农运动取得了合法的地位，国民党中央也颁布了一些有利于工农运动的法令，工农运动得到了蓬勃的发展。

1924 年秋，蕉岭新铺成立"新世界"理发工人工会，主要成员有张日运、赖传喜、赖二、张保元等，领导人为张日运。随后，工会组织逐渐扩展到商业、手工业等行业。1925 年，钟贯鲁任蕉岭中学校长，聘请了梅县东山中学进步教师钟焕贤等到该校任教。这期间，蕉岭中学新文化、新思想异常活跃，学生中掀起了读书求知爱国的热潮，引起以学校事务主任涂草堂为首的保守势力的不满。他们制定了管、卡、压学生的条条框框，以此抑制学生的思想，激起了广大青年学生的愤慨，掀起了"倒涂"学潮。同年 3 月 30 日，刘任球等 5 人发起罢课斗争，持续时间达 7 天之久。因罢课斗争局限于部分进步学生中间，缺乏统一的行动和外部的声援配合，刘任球等学潮发起人被校方开除。据 1925 年 4 月 3 日《蕉岭县议会议事录》校董戴益三等的请愿书记载："少数不良之学生，于本月三十晚 8 点钟许，纠率数十党徒，各持枪械，强迫各级安分学生罢课。似此悖乱行为，应请贵议会主持公论，咨县严办以整学风而维学校。"

1926 年，钟贯鲁调任梅县学艺中学任职，蕉岭中学校长由钟公任接任，学校实权则掌握在学阀涂草堂手中。一些进步学生则不顾校方禁令，继续传阅《陈独秀演讲录》等小册子，利用校刊和演说会、音乐会、艺术展览会等形式，宣传进步思想和社会主义学说。1927 年年初，蕉岭中学再度爆发学潮。涂草堂以学阀手段，监视学生行动，并请求蕉岭当局派军警镇压学潮，拘捕学生张思科等人。学生们不甘示弱，罢课斗争声势愈闹愈大，当局无计可施，只得答应学生要求，罢免了校长钟公任和事务主任涂草

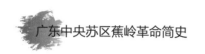

堂的职务，学潮以学生的胜利而平息。

1926 年 1 月 26 日，新铺圩又发生了痛打县公署催征委员李奠邦的事件。李奠邦平日横行霸道，为虎作伥，曾在广福留畲等地恐吓讹诈农民，在三圳无理殴打群众，在新铺催征时又将商联司事打伤，群众恨之入骨。当日，李奠邦来到新铺，群众将其捆绑后，让他头戴一尺多高的纸帽，纸帽上写着"贪官污吏李奠邦"7 个大字，由群众押着游街示众，人们无不拍手称快。

蕉岭早期建立的共青团、工会组织、农民协会、商会、学生联合会等群众团体，在斗争中不断发展壮大。一大批以青年学生为主体的进步分子，冲破束缚，奔向上海、广州、北京等地，寻求真理，纷纷投身于火热的革命斗争，有的成为共产党员或共青团员。四一二反革命政变后，他们又从各地回到蕉岭点燃革命火种，成为革命斗争的中坚力量。

四、中共蕉岭九岭支部的建立

1927 年 4 月 12 日，蒋介石在上海发动反革命政变，疯狂屠杀共产党人和革命群众，大批共产党员和革命的工农分子惨遭杀害，全国陷入白色恐怖之中。七一五政变后，第一次国共合作全面破裂，轰轰烈烈的大革命失败了。在北京、广州等地寻求知识和寻找真理的蕉岭籍共产党员、共青团员满怀悲愤，陆续返回蕉岭，继续进行革命斗争。

1927年五六月间，在国立中山大学等地加入中国共产党的徐持（徐汉伟）、邓崇卯、刘安、钟慕光、林敬修、陈顺侯、陈杰生、钟占文等先后回到自己的老家。钟占文和钟慕光都是招福乡寨子坑人，徐持是三圳九岭吉塘坳人，3人老家相距仅数里之遥。少年时，他们一起在三圳公学念书，后徐持考入广东省立（梅县）第五中学念书，钟占文、钟慕光则同在蕉岭中学读书。在学校，他们加入了"新学生社"进步组织，经常阅读《向导》《新青年》等刊物，是蕉岭中学历次学潮的积极参与者，逐步形成了革命的人生观。1926年夏，徐持中学毕业后，被录取为黄埔军校第三期插班生，在炮科团迫击炮连学习1个月后到广东省党部宣传所学习了半年。在宣传所，他听了邓中夏、恽代英等的讲课，读了不少马克思、恩格斯和列宁的著作。同年秋，徐持考了国立中山大学矿科预科班，次年1月在该校加入中国共产党。

邓崇卯，新铺同福坪头村人，1925年夏毕业于广东省立梅州中学，后以优异成绩考入北京工业大学。在北京求学期间，他积极参加反帝反封建的学生运动，并加入了中国共产党。奉系军阀张作霖在北京大肆逮捕共产党人及其他革命者，邓崇卯被拘禁40多天，释放后于1927年夏回到蕉岭。同时，国立中山大学学生林敬修，广州政法大学学生刘安，黄埔军校学生陈顺侯、陈顺云，潮汕农运训练班毕业生陈杰生等都先后回到蕉岭。

徐持、钟占文、钟慕光等返回蕉岭后，经常聚集在一起，讨论蕉岭的社会政治、经济问题，关心本地革命斗争的发展变化。

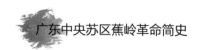

为了斗争需要和发展党团员，钟慕光首先提议在蕉岭建立中国共产党组织，钟占文、徐持也认为成立党组织的条件已成熟。1927年7月，徐持、钟慕光、钟占文以公开身份参加三圳九岭村钟双义开办的拳馆学武，利用习武的机会，秘密在钟双义家中建立了蕉岭第一个中共党支部，推举徐持为党支部书记，钟慕光为组织委员，钟占文为宣传委员。中共蕉岭九岭支部成立后，以三达学校为活动基点，发展了该校教师徐汉良、邓克琳及该村青年钟焕炎、钟洪江等人加入了党团组织，并开展了一系列的革命活动。如开办农民夜校，积极宣传共产党方针、主张，团结发动群众，成立九岭农民协会和赤卫队，与附近乡村的邪恶势力作斗争，破除封建迷信等。八一南昌起义后，蕉岭的党组织有了较大的发展，组建了新铺、长江、乌土等多个党支部，有党员20多人。

中国共产党组织在蕉岭的建立和发展，有力地推动了蕉岭工农运动的向前发展，为革命斗争开创了新局面。

第二章
土地革命战争时期

第一节 工农革命运动和武装斗争的开展

一、工农革命运动的开展与中共蕉岭县委的成立

中共蕉岭组织的建立和发展，有力地推动了全县工农群众运动的开展，出现了革命的新局面。中共蕉岭九岭支部成立后，徐持、钟慕光、钟占文即开展各项活动，以三达学校为活动中心，办夜校向农民宣传革命道理，深入农村，成立农民协会。1927年八九月间，钟慕光、钟占文、钟奎香等人，以三圳公学同学会的名义，组成革新三圳公学的班子，直接参与学校领导，组织学生印发传单，张贴标语；每逢三圳圩日即在街头演讲，揭露国民党政府的腐败行径。有一次，国民党宣传员陈国桢、朱梅忍来到启民学校召开会议，到会的有寨子坑、洋蛟湖的青年学生，徐持、钟占文均在会场。陈国桢、朱梅忍在会上恶毒诬蔑"共产党是坏人""共产共妻"，是"搞乱国家的"。钟占文当即义正词严予以反驳："共产党代表劳苦大众，是打倒帝国主义、打倒军阀，推翻压迫剥削制度，实现世界大同的真正代表者。"陈国桢、朱梅忍哑口无言，尴尬万分，灰溜溜地走了。钟占文等还发动师生破除迷

信，捣毁了三圳圩和九岭村宫下的神像。九十月间，党组织在九岭宫下成立农民协会，徐持为农民协会执行委员会主席，徐志轩、徐汉良、钟敬民、钟焕炎、钟绍持、曾永松二、曾松麟等为执行委员。首批会员有30多人。农民协会领导农民进行反帝反封建和反压迫剥削的宣传活动，进行减租减息的斗争，建立农民自卫武装。

与此同时，共产党员邓崇卯回到家乡后，卖掉旧屋基一座，得款1000毫子，与赖清芳等一起办起了三社公学，吸收进步青年，还以学工、学艺为名，宣传革命道理，培养训练工农子弟40多人，并在新铺矮车、坪头、龙虎薮等村秘密组织邓氏青年自治会和农民协会，把这一带的农民运动搞得有声有色，当时即有邓姓、赖姓"满地红"之称，影响遍及全县城乡。共产党员刘安、钟传柱、徐念伦在文福办起了乌土夜校，成立了党支部，组织农会，建立武装。南磜左槐村的陈顺侯等人，以办拳馆、舞金狮为名，组建了农民自卫武装。这些农民协会和农民自卫武装组织在中共蕉岭地方组织的领导下，与地主豪绅开展了针锋相对的斗争。党组织领导下的早期工农武装斗争，锻炼了群众，培养了骨干。

1927年9月初，梅县武装斗争委员会（1927年4月成立）派武装组织部部长陈劲军、委员杨雪如来到蕉岭，联络曾参加梅县"五一二"武装暴动后疏散回蕉岭的赖清芳；并找到中共九岭支部负责人徐持等，传达八七会议精神和中共广东省委的指示，组织各地工农武装暴动，接应八一南昌起义军南下；将中共九岭支部升格为中共九岭特别支部，隶属梅县党组织直接领导。与此同时，

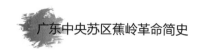

蕉岭文福乌土、新铺、长江（狮山）也相继建立了党支部。文福乌土支部成员有刘安、钟传柱、徐念伦等，刘安为支部书记；新铺支部成员有陈杰生、陈顺云、林光德、林敬修等，陈杰生为支部书记；长江支部成员有赖德君、钟九连、邓崇卯、赖汉文等，赖德君为支部书记。此外，新铺和蕉城分别建立了团支部，成员有张思科、陈承昌、林集时、刘德芳、钟焕炎、邓克琳、钟洪江等。新铺、蕉城团支部负责人分别为张思科和陈承昌。

这时，中共蕉岭组织负责人徐持、钟慕光、钟占文、刘安、钟九连、赖德君、陈杰生等认为，成立中共蕉岭县委的条件已经具备。经过周密的酝酿筹备，大家决定在新铺尖坑龙虎薮赖汉文家召开中共蕉岭县第一次代表大会。龙虎薮地处尖坑村头，住有七八户农家，北靠狮子岽，屋后有一条老虎坑，通向千家寨。这里山高林密，如发生意外，可立即转移疏散上山隐藏。赖汉文是四一二反革命政变后从上海回来的共产党员，与邓崇卯、赖清芳等一起从事党的地下斗争活动。为确保会议安全，徐持到长江支部检查部署会议的准备工作。

1927年12月初，中共蕉岭特别支部秘密通知全县共产党员集中新铺尖坑龙虎薮赖汉文家召开会议，出席会议的党员有30多人。这次会议成立了中共蕉岭县委员会，选举徐持为县委书记，赖德君为组织委员，钟慕光、钟占文为宣传委员，钟九连为组织兼交通委员，陈杰生、陈顺侯为军事委员。中共蕉岭县委隶属中共东江特委领导，县委机关设在尖坑村。这次会议，还作出了在新铺举行武装暴动的决议。大家一致认为，新铺地处蕉岭南端，是梅县、蕉岭、平远交汇的大圩镇，也是粤东通向赣南的经济集散要镇，地理位置十分重要，在这里举行武装暴动影响较大。会上，赖清芳介绍了他参加梅县地方党组织直接领导、发动的以工人为主的"五一二"武装起义的成功经验及其教训，鼓舞了与会者的信心和斗志。

中共蕉岭县委的成立，标志着蕉岭人民革命斗争进入一个新时期，人民有了共产党的领导，斗争的信心就更足了。

二、新铺武装暴动

根据八七会议精神和中共中央南方局与中共广东省委联席会议精神，潮梅各县县委进行讨论、研究，制定工作计划，组织城乡革命武装进行暴动，摧毁国民党的地方政权。1928 年 1 月，中共广东省委又发出《潮梅暴动计划》，认为潮梅地区仍然存在暴动局面，这是目前潮梅各属党组织最主要的任务。中共东江特委也发出《发展暴动计划》，明确提出要"以年关暴动去引起东江大暴动，完成东江割据"。1928 年 1 月，蕉岭新铺武装暴动就是为了执行上级暴动的决定而进行的。

中共蕉岭县委成立不久，中共梅县县委即派组织部部长杨雪如前来中共蕉岭县委，带来了中共东江特委的《中共东江特委紧急通告》。通告要求东江各级党组织务必利用年关地主豪绅对农民催租逼债之机，坚决领导工农发动年关暴动。中共蕉岭县委成员与杨雪如讨论了中共蕉岭县委计划在新铺发动武装暴动的准备工作和讨论研究了组建武装力量等问题，明确举行暴动的目的是牵制和打击敌人，配合九龙嶂革命根据地的反"清剿"斗争。为进一步做好组织新铺工农武装暴动的准备工作，还决定成立工农革命军第十四区团，任命徐持为团政治部主任。

蕉岭工农革命第十四区团以原有的工农自卫武装为骨干力量。县委军事委员陈杰生、陈顺候负责组织训练武装队伍，还缝制了一面绣有斧头镰刀的红旗，刻制了"工农革命军第十四区团"关防印一颗。由于中共蕉岭县委成立不久，县委大部分领导刚从外地返回故里，且分散在各乡村，武装力量只有小部分手持大刀、长矛、棍棒、梭镖、镰刀、锄头，在这种情况下举行如此重大的武装暴动力量不足。因此，在上级党组织的指示下，拟定联合原陈炯明残部张齐光、陈卓超、钟葵江的武装队伍共同举行武装暴动。张齐光、陈卓超、钟葵江的残部曾被钱大钧部清剿，存在军阀派系之间的矛盾。1927 年 5 月 12 日，梅县武装暴动后，梅县武装斗争委员会领导人刘标麟、杨雪如、陈劲军率领工农暴动队伍退据新铺、徐溪一带时，张齐光等人曾主动前来迎接，表示了共同反蒋的愿望。其时，中共梅县暴委计划收编张齐光等部为我第二方面军独立第九团，县委派出陈杰生、邓克琳、林益青等事先插入张齐光的队伍中，在张部士兵中做鼓动工作。通过谈判，张、陈、钟同意配合这次武装行动。

1928 年 1 月 4 日清晨，徐持、钟慕光、钟占文等率领工农革命军第十四区团近 200 人的队伍与经梅县石扇绕道新铺的张、陈、钟部百余人会合。是日午后，新铺武装暴动战斗打响，暴动队伍包围了新铺商团武装和警察所，打死商团武装 2 名人员，缴获长短枪 40 多支，弹药军需品一批，暴动取得了胜利。暴动队伍占领新铺后，徐持等人在镇南中学（今新铺中学）内操场召开群众大会，发表演说，揭露国民党反动派破坏国共合作，制造反革命政变的真相，宣传中国共产党反帝反封建的政治主张，号召贫苦农民参加农会和赤卫队。暴动队伍在新铺街头张贴标语，安抚百姓；召集新铺商贾开会，筹款募捐；查封了张福源布店、均兴油盐店、陈远元粮店等反动商号，把没收的物资分发给贫苦群众，受到群众的热情拥护。1 月 6 日，暴动队伍撤离新铺，分散隐蔽。

新铺武装暴动，是中共蕉岭县委根据上级党组织指示精心策划的一次工农武装暴动，它与东江各县的武装暴动遥相呼应。暴动队伍撤离新铺不久，迫使敌胡谦部匆忙派出宋世科团赶赴新铺驻防，减轻了梅埔丰革命根据地的压力，达到了打击和牵制敌人的目的，有力地配合了九龙嶂根据地的反"清剿"斗争，为巩固扩展革命根据地、发展壮大工农武装作出了贡献。新铺武装暴动的成功，揭开了蕉岭工农武装割据斗争的序幕。

三、工农武装斗争的开展

新铺暴动后,中共蕉岭县委领导人徐持、钟慕光、钟占文等身份暴露,遭到国民党蕉岭当局的通缉,被迫转入地下进行活动。工农革命军第十四区团的武装人员分散到各地乡村。一些地方反动分子勾结国民党军队,纠集反革命武装大肆"追剿"革命分子,使党的组织遭受严重破坏,同情和支持革命的群众生命财产受到损失。但共产党人和革命群众的革命热情没有冷却,斗争火焰没有熄灭。蕉岭共产党人从斗争中认识到不但要有正式的革命武装,而且要将武装斗争逐步转入农村,转入边远山区,广泛发动、组织群众,建立起自己的根据地,便于进行艰苦的长期的革命斗争。1928年3月,中共蕉岭县委在油坑燕子岩召开会议,分析了新铺暴动后的政治形势,研究了斗争策略,发展了一批党团员,整顿健全了工农武装,部署各乡建立赤卫队。会议还决定成立中共新铺区委,钟九连任区委书记,赖清芳任组织委员,邓克琳任宣传委员。

同年2月中旬,共产党员张宏昌回到蕉岭油坑家乡。张宏昌(1902—1929),新铺油坑半山张人。1921年毕业于新铺公学,后考入广东省立高等师范图音班就读,在学期间积极参加民主革命运动,加入了中国共产党;1926年秋在广东高等师范毕业后,受党组织委派于同年8月到饶平县立第一中学,以教师身份做掩护开展党的工作。1927年7月,中共饶平县委成立,张宏昌被选为县委委员。南昌起义军南下广东在潮汕失利后,朱德在茂芝全德学校召开团以上干部军事会议，张宏昌出席了会议。当月下旬，中共饶平县委根据上级党的指示，以饶平农民自卫大队为基础，组建广东工农革命军东路独立第十四团（简称第十四团），张宏昌被任命为团长。后在队伍遭到国民党军队和当地反动武装的全面"围剿"、处境十分艰难的情况下，中共饶平县委决定暂时解散第十四团，张宏昌偕同饶平籍革命青年余登烈回到蕉岭。

张宏昌回到家乡后，即以革命者的满腔热情，以油坑半山张和蕉头窝两个自然村为中心，在家乡点燃革命火种。他团结进步青年，宣传革命理论，组织和发动该村青年教师钟其励、钟春生、邓牧民，普通青年宋建立、宋阿光、宋接四等人成立油坑村青年改进会；带头破除迷信，领导减租减息抗税，清理公尝会；以本地小学校为阵地开办夜校，秘密联系邻近乡村的共产党员和进步青年开展斗争，启发进步教师钟其励等人投身革命，同时与中共蕉岭县委取得了联系。

中共蕉岭县委油坑燕子岩会议后，张宏昌在蕉头窝发动石灰工人宋亚兴、潘佛德、宋炳欣、宋永兴等20多人成立了石灰工人工会，进行罢工斗争，迫使石灰厂资本家杨巨海、宋亚登答应工人的条件，为工人争取了每天工作8小时、工资每天5毫银的权利。通过罢工斗争，由宋亚兴、宋永兴、潘佛德等30多人组成工农赤卫队，自制土枪土炮，打击土豪地主乡绅的嚣张气焰，先后收缴了三圳林巨源、新铺曾则生等豪绅的枪支弹药；对不实行"二五减租"的，赤卫队就把上门催租的地主家丁捆绑起来，要地主上门谢罪领人。

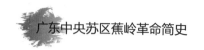

油坑村的革命斗争在张宏昌的领导下搞得热火朝天，以油坑为中心的革命基点初步形成。1927年6月，以油坑工农赤卫队为主的蕉岭革命武装在张宏昌的率领下支援了梅县畲坑暴动，击溃敌人400多人，取得了胜利。随后，梅县畲坑有30多人疏散到油坑隐蔽，蕉岭工农武装与畲坑来的同志会合后，联合白渡的宋海源、田背坑的卢标源、梅县悦来圩的钟春光等，四处出击，征收钱粮。革命斗争形势发展令人鼓舞。

1927年2月，文福乌土村在刘安的领导下，通过办夜校，组织发动群众，在下徐屋成立村农民协会。随后，刘安等人在南礤、蓝坊一带活动。刘安与妻子梁文兴在蓝坊峰口的启文学校任教，与孙辉、刘和、徐添、张景等人在龙潭村活动，在中坳子、楮树坪、黄竹坪、乌土场、高南畲、浒竹坪一带组织农民协会，建立工农赤卫队。1928年二三月间，国民党蕉岭县地方反动势力与陈卓超的土匪武装相勾结，对中共蕉岭组织领导人进行疯狂围捕"追剿"。5月，同福乡土豪邓绍轩与官匪勾结，派兵围捕邓崇卯，查封了邓崇卯等人创办的同福三社公学。邓崇卯脱险后，化装成看风水、占卜算卦的先生，与赖清芳、陈德明等转移到三坑鸭薮里一带活动，住在高万朗家中。

三坑是徐溪一个边远的深山村，它包括端峰头、企溜坑、上畲、下畲、鸭薮里等自然村落，也是蕉岭、平远、梅县三县的边缘结合地带，境内山高谷深，层峦叠嶂，树林茂盛，荆棘丛生，遮天蔽日，是伏击敌人和隐蔽自己的理想场所。邓崇卯等在这里发动群众，组织秘密小组，主要有李庚秀、邓成权、邓兰秀、邓月桂、邓荣桂、邓德兴、曹阿满等人。同年六七月间，黄沙村农会成立，有会员100多人，邓崇卯担任农会主席。同时，挑选农会骨干组成赤卫队，与地主豪绅做斗争，把三坑等地建成初具规模的革命基点。在那里还建立了青年团、妇女团、儿童团等群众组织，这些组织在极其艰难的革命斗争中发挥了重要作用。

不少妇女接受革命思想后，敢于砸碎封建枷锁，走出家门。中年妇女李庚秀、张七妹、谢亚兰、钟亚六、钟三嫂等，带领山村妇女们在严酷的斗争环境里组成运输队，负责担运革命基点所需要的生活物资。妇女运输队还配合武装队伍到邻近的黄竹坪、碥上、徐溪、高乾和平远的下山等地的地主豪绅家里收缴物资。离鸭薮里不远的柚树河，是平远、徐溪通往新铺、松口、潮州、汕头的水上通道，常有商人、地主的货船出入往来，赤卫队经常到河边拦船打税。一次，平远豪绅地主的几条满载油、米、盐等物资的船经过牛轭山时，被三坑农民赤卫队拦截，打税时被闻讯赶来的敌军发现，敌人占领端峰茶亭岗并堵住通道，向赤卫队开枪射击。在此危急关头，妇女运输队在队长李庚秀带领下，冒着枪林弹雨，跋山涉水，抄小道将物资担运回三坑革命基点。她们还经常佯作上山割草砍柴，在高山、路口替赤卫队站岗放哨，侦察地形和敌情，战斗时救护伤员。

至1928年8月止，中共蕉岭地方组织已初步建立了油坑、三坑、黄沙及左槐、乌土等农村革命基点，初步形成了工农武装割据的局面，使党的活动和革命武装有了立足点和回旋余地，以及坚实的群众基础；为加强蕉岭地方党组织的力量，创立苏维埃政

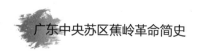

权，发展壮大工农革命武装，深入开展土地革命创造了条件。

四、中共蕉岭县委的改组与东江（蕉岭）
红军独立营的建立

年关暴动之后，梅州各县的党组织和革命武装被迫分散隐蔽，只集中保存小部分党组织成员和武装队伍的领导骨干，并先后转移到边县山区和梅埔丰边的九龙嶂、铜鼓嶂、明山嶂，揭丰华边的八乡山和五兴龙边的霍山一带。1928 年 2 月 9 日，驻汕头市的中共潮梅特委机关被破坏，中共广东省委巡视员叶浩秀、中共潮梅特委书记蓝裕业等 28 名领导干部、交通员和其他工作人员被捕牺牲。梅州各县与省委、中共潮梅特委失去联系。至 6 月下旬，在香港的中共广东省委获悉九龙嶂仍有党组织和武装存在，派特派员梁大慈到九龙嶂与各县党组织重新取得联系。与此同时，省委决定将中共潮梅特委和中共东江特委合并改组为中共东江特委，指定彭湃等 7 人为中共东江特委委员，原中共潮梅特委辖下的党组织归属中共东江特委领导。

梅州各县党组织恢复与省委的联系后，从 1928 年 6 月起，即遵照省委的指示，结合实际，总结经验，吸取教训，整顿、改组了各县县委，恢复和发展各级党组织和群众组织。中共蕉岭县委在领导发动新铺工农武装暴动后，县委主要成员徐持、钟慕光等暴露了身份，遭敌通缉追捕，后虽然隐姓埋名继续从事革命斗争活动，但是蕉岭国民党当局纠集地方反动势力，追捕捉拿的风声日甚一日。1928年5月，地方反动武装在三圳九岭吉塘坳围捕徐持，幸因群众掩护他才脱离险境，但已无法继续坚持开展斗争活动。徐持找到县委组织委员赖德君，要他负责县委的工作，并把手枪和活动经费交给了赖德君。6月，徐持、钟慕光、邓克琳等先后出走南洋[①]。

徐持、钟慕光等出走南洋后，蕉岭党组织继续领导农会和赤卫队开展对敌斗争，油坑、三坑、黄沙等革命基点得到扩充，农民协会、赤卫队得到壮大，斗争形势继续向好的方向发展。1928年9月，中共蕉岭县委在新铺油坑半山张召开县委会议，参加会议的有钟占文、赖德君、张宏昌、宋永兴、宋金兴、赖清芳、邓崇卯、钟维敏、余登烈等十多人。会议补选张宏昌为县委书记，宋永兴为工运委员，钟维敏为农运委员。会议同时宣布成立东江（蕉岭）红军独立营，张宏昌任营长，巫志光任副营长，邓崇卯任参谋长，张绍福任军需长。营以下设3个连：一连连长钟占文，副连长赖佛添；二连连长陈南怀，副连长张佛昌；三连连长陈谦，副连长赖华庆。

东江（蕉岭）红军独立营建立之初，武装人员分两种形式活动。一是平时分散在各自乡村，仍称赤卫队，有任务时集中行动；另一种为集中编入连队的独立营骨干，有40多人，30多支枪。

---

① 徐持出走南洋后，于1929年11月返回广西，次年11月22日被捕，后叛变（查自蕉岭县公安局档案）。

独立营以石窟河为界分河东、河西两个活动区域，河东片属蕉城区，由张宏昌、钟占文等率领一连、二连武装，以油坑村为主要活动据点，扎营于蕉头窝祖堂屋；河西片为新铺区，由邓崇卯、巫志光、陈谦等率领三连武装，以同福、三坑、黄沙为主要活动据点，在长滩头、鸭薮里一带扎营活动。在新改组的中共蕉岭县委领导下，独立营依靠群众，时而分散、时而集中，采取灵活机动的战略战术骚扰敌人、消灭敌人。

蕉城区方面，张宏昌以油坑为中心，联系三圳、九岭、寨子坑、乌土、蓝坊、大峰嶂、左槐坑等地的工农武装分子进行革命活动，其后再扩展至白渡、门前圩、松源、隆文一带开展武装斗争；新铺区方面，邓崇卯等率领独立营队伍以新铺、同福、尖坑、狮山、徐溪、黄沙、三坑、上下畲、鸭薮里及至梅县石扇，平远东石、热水一带为活动范围，邓崇卯、钟占文、刘安等领导工农武装深入农村发动群众，组织农会，扩大武装，抗债抗税抗租，与地主豪绅展开针锋相对的斗争。

1928 年冬，邓崇卯、张宏昌、谢梅初等到三坑、黄沙等地活动，串联发动了一批贫苦农民，建立起黄沙农民协会，主要领导人是谢梅初、钟佛云。张宏昌在油坑团结进步青年张职昌、张少巨、宋永兴、张兆志、宋健云等加入独立营，鼓励钟其励、钟春生、丘慕良、邓牧民等投笔从戎加入革命武装行列。邓崇卯先后介绍吸收曹进洪、曹进贵、曹洪添、曹金增等人参加革命队伍，陈顺侯在家乡左槐也选送了刘孔祥、刘开五等人成为独立营的战士。至 1929 年春，东江（蕉岭）红军独立营人数已达 150 多人。

党组织也进一步巩固发展，县委辖蕉城、新铺两个区委，党支部由原来的 5 个增至 12 个，全县党员发展到 150 多人。

独立营武装辗转全县各地，主动出击。1928 年 12 月 25 日，独立营得到可靠情报，国民党白渡区长钟森柏从梅县解饷银和粮食到白渡来。张宏昌立即组织独立营武装编成两个小分队，到赤石径伏击。经过一场短兵相接的战斗，独立营截获了饷银和粮食。在这次伏击战斗中，独立营战士宋海源、张职昌、余登烈不幸受伤被俘，后被押解到梅县杀害。独立营武装四处活动，严厉打击各圩镇乡村的土豪劣绅，收缴反动势力的枪支，接二连三地袭击了新铺的林巨源、象岭的彭武杰、狮山的曾则生、河西的涂思宗、叟乐的李肃度等一批蕉岭县国民党要员的老家，缴获没收了他们家中隐藏的枪支和粮食物资一批。

东江（蕉岭）红军独立营连连获胜，使国民党蕉岭当局恼怒万分，自卫大队多次对油坑革命据点进行残酷的"搜剿"，杀害革命群众，火烧百姓房屋。独立营则灵活机动，依靠群众坚持斗争。1929 年 4 月间，独立营武装又一次袭击了涂思宗家，缴枪 5 支和物资一批。随后，敌人派侦探尾随独立营到油坑，被战士宋德兴发觉后抓获，审讯后供认是受三圳公学涂谋等指使前来刺探共产党活动情况的。张宏昌于 4 月 28 日晚，在宋永兴家召集独立营骨干会议，制订行动计划。第二天凌晨，钟占文率领独立营战士和群众 100 多人包围了三圳公学，抓获了反动教员涂谋、陈连腾、谢其振 3 人，缴获短枪 2 支，子弹 100 余发，胜利返回油坑革命据点。涂谋、陈连腾、谢其振被抓后，带回蕉头窝审问，后被独

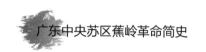

立营处决。独立营的斗争取得节节胜利，声威大振，成为一支有影响的革命队伍，带动了整个蕉岭的革命斗争。

1929年5月，陈顺侯从中共松江区委回到南礤，与蕉城区的刘安、孙辉、徐添等人取得联系，在南礤左槐坑成立了农民协会和赤卫队武装组织。农会和赤卫队以左槐坑为据点开展打土豪斗争，实行减租减息，收缴了当地土豪梁志光等人的枪支。左槐坑成为油坑、三坑、黄沙一样的革命据点，这几个革命据点像一把锋利的匕首插在敌人的胸口，搅得敌人不得安宁。1929年6月，国民党蕉岭县自卫大队队长丘哲夫纠集蕉城的钟国祥、三圳的刘达群、白渡的蔡雪才地方团队共300多人包围了油坑革命据点。敌人疯狂烧杀掳掠，抢走耕牛30多头，烧毁民房100多间，群众财物被洗劫一空。独立营在突围战斗中，战士潘荣当场中弹牺牲，赖清芳、钟占文受伤，宋元兴被害，宋佛松等十多位无辜群众被抓走。在张宏昌的指挥下，独立营英勇奋战，左冲右突，经北坑岗，过鸭麻渡，入五里径，向黄沙、三坑转移；在鸭薮里与邓崇卯会合后，活跃在蕉平边界地带与敌周旋、战斗。

钟占文在突围时大腿受伤，行动十分困难，在党组织的精心安排和群众的支持下，秘密转移到安全地方医治枪伤。敌人得知情况后，派出侦探四处打听其下落，通缉风声日紧。钟占文伤势愈加严重，最后转移到梅县松口石螺岗张屋治疗，被坏人发现告密，不幸被捕。敌人把他押到三圳公学，严刑拷打，百般折磨，钟占文坚贞不屈，没有吐露半点机密，表现出共产党人的崇高品质。1929年7月25日，钟占文在蕉岭庙岃背英勇就义，年仅22岁。

五、蕉平红军独立营的组建与斗争

1928 年 8 月，中共中央委员、广东省委书记李源，深入到东江地区巡视工作。他与中共东江特委取得联系后，9 月在汕头市附近的桑浦山召开潮梅地区各县党的负责人会议，传达了中共六大会议精神。他结合当时东江白色恐怖严重、敌对势力猖獗、革命仍处于低潮的形势，指出：第二次高潮尚未到来，我们的斗争方式必须改变，不能再搞暴动，不能硬拼硬打；必须善于发动群众，积极领导群众的日常斗争，从低级做起，揭露豪绅地主反动军官的罪行，搞得他们惶惶不可终日，以壮大群众力量；然后引导群众以收成不好为由，提出减租减息，一直到抗租抗息斗争；同时，结合地下武装斗争，伺机行动①。李源不顾环境险恶和路途艰辛，来到大埔、丰顺，号召共产党员要坚定地执行"六大"路线，后在大埔巡视时被国民党反动派逮捕，不幸牺牲。

1928 年 11 月，中共广东省委专门召开省委扩大会议，传达中共六大会议精神，中共东江特委派代表出席。会议提出广东目前党的任务是争取群众，积聚力量，以准备在新的高潮到来之前，夺取武装暴动的胜利，会议还部署了各方面的工作。12 月，中共东江特委、共青团东江特委召开联席会议，选举了东江新的临时委员会，讨论贯彻了中共六大和省委第二次扩大会议精神，并决定派员到各县贯彻有关会议精神。此后，中共东江特委又以通知、

---

① 方方：《大南山革命根据地的斗争》，《广东文史资料》第 13 辑，内部资料，1964 年 6 月。

决议案、文件等形式加强对东江各县工作的指导，各县都相应做出了有关决议。

由于中共六大路线的传达贯彻，蕉岭党组织领导群众走上了正确的斗争道路，革命斗争出现了大好形势。1928年9月，地方党组织整顿、健全了中共蕉岭县委，建立了东江（蕉岭）红军独立营，发展了党组织，扩大了工农武装，建立了油坑、三坑、黄沙、左槐坑等革命据点。张宏昌和邓崇卯在三坑鸭薮里会合后，独立营活动在蕉平边境地区，与中共平远县委配合，开展武装斗争。同年冬，中共平远县委负责人林荣贤和李巴林到河头太阳寨与黄焕章等开会，研究介绍平远同志到鸭薮里参加武装组织的问题，不久就选送了陈学生、黄锦秀等6人到鸭薮里加入了东江（蕉岭）红军独立营。在蕉平边境，张宏昌领导独立营武装于5月间突袭平远的柚树、热柘自卫大队驻地，缴枪8支，弹药一批。张宏昌、邓崇卯等还在平远热水一带宣传、发动群众，发展了一批党员，建立了中共热水支部，张宏昌任支部书记。此后，蕉平两地县委共同斗争，密切配合，互相支援。

1929年5月底，中共平远县委书记李巴林来到三坑鸭薮里，与蕉岭县委负责人张宏昌、邓崇卯等商议集中力量、重振武装，开展蕉平边界联合武装斗争的问题。为促进蕉平两县的武装斗争，两县县委决定共同组织武装部队，命名为蕉平红军独立营，由两县县委共同领导，以鸭薮里为根据地，张宏昌任营长，邓崇卯任参谋长。独立营武装由两县工农赤卫队骨干组成，活动经费由双方共同筹措，武器由双方共同解决，并动员参队人员自带枪支。

独立营设两个连，两县各建制一个连，初建时全营有 80 多人。由于蕉平两县反动势力十分猖狂，不停地向两地革命武装实行封锁"清剿"，白色恐怖笼罩蕉平两地，局势异常紧张。不久，中共平远县委转移到丹溪。蕉平红军独立营建立后，仍以张宏昌、邓崇卯领导的武装为骨干，原东江（蕉岭）红军独立营剩 50 余名武装。扩充兵源、壮大力量、解决武装供给，成为当务之急。张宏昌、邓崇卯等积极向平远边界开展工作，主动寻找战机，解决给养困难。

1929 年农历六月初，中共平远县委的林荣贤来到三坑鸭薮里，被告知有 8 个陈炯明的残兵在平远中学宿营，并有两箱弹药。蕉平红军独立营即于 7 月 12 日（农历六月六日），出击平远大柘，由张宏昌、邓崇卯、巫志光等率领独立营和群众骨干，编成先锋队、便衣队、大刀队、没收队、破坏队等，星夜出发，途经柚树到贤关村时，袭击了平远地方反动分子林自佐家，收缴枪支后再挥师突袭大柘乡公所，又缴获枪支弹药一批。当蕉平红军独立营战士赶至平远中学时，陈炯明残兵已在前一天撤走，张宏昌等于次日返回鸭薮里。接着，国民党蕉岭县自卫大队派出武装"围剿"三坑鸭薮里。张宏昌闻讯后即带领独立营全部撤离大本营，一边撤离，一边寻找战机，由平远队员带路，经柚树、贤关、大柘，过河头到达太阳寨时与平远地方民团张济川相遇，后返回东石的车子岗。平远党组织负责人林荣贤、林传兴立刻赶来车子岗，与李巴林一道研究对策，想方设法让队伍安顿歇息。不久，平远坝头的自卫队前来围攻。危急关头，在当地群众的支援协助下，独立营战士趁着夜色撤出车子岗，队伍穿过茅坪到锅笃里才安全脱险。第二天拂晓，独立营兵分两路，一路回鸭薮里，另一路有十多人由平远陈学生、黄锦秀带领转移到丹溪。7月底，独立营武装攻打悦来圩，消灭了国民党驻悦来圩自卫队，缴获长短枪20多支，大获全胜。

蕉平红军独立营建立初的几个月，连续出击了柚树、贤关、白渡、大柘、悦来圩等地，部队需要休整。返回鸭薮里后，张宏昌、邓崇卯等召集独立营骨干开会，分析了敌情，部队开展了练兵活动。张宏昌认为独立营连续作战，惊动了敌人，要求部队加强戒备，加岗加哨，提防敌人的突然袭击，随时准备转移；并选定哨位，查岗查哨，布置警戒。不久，张宏昌在旱窝坳查哨时，被新入伍的高桂林误伤左肩胛，伤势危及头颈，不得不在关键时刻离队治伤。

由于蕉平边农民协会纷纷成立，三坑革命根据地已初步形成，蕉平红军独立营频频出击，游击范围不断扩大，引起梅、蕉、平三县国民党当局的恐慌。7月中旬，梅、蕉、平三县的反动武装对三坑根据地实行大规模的联合"进剿"。梅县一路从石扇方向围拢过来；蕉岭一路从徐溪、黄沙直入三坑；平远一路从片金溜包抄鸭薮里。这一带山高路陡，崎岖险峻，林木茂密，敌人夜间龟缩在宿营地，白天"进剿"。独立营发现敌情后及时把队伍拉到平远境内，隐蔽在高山密林深处，使敌人的大规模"清剿"合围计划落空。而独立营又神不知鬼不觉地迂回穿插到鸭薮里。敌人黔驴技穷，强迫徐溪、新铺等地平原乡村的群众进山砍树伐木，放火烧山，封锁路径，妄图困死独立营。随后，蕉、平、梅三县反动势力纠合起来，对三坑根据地发动更大规模的"会剿"。梅县派出民团武装700余人，蕉岭民团500人，平远也有3个中队近500人，形成合围"会剿"之势。独立营武装在10倍于己的强敌面前，凭借有利地形，英勇抵抗，浴血战斗，终因寡不敌众，三坑失守。

独立营向敌人力量较为薄弱的平远方向突围，把队伍拉到柚树，经大柘、坝头、河头，拟向江西寻乌方向撤退。平远民团一路尾随而来，围追堵截，独立营战士李腾义、余甲在坝头牺牲。平远八尺民团和叶子畲土豪李碧豪又率队在河头阻击，在河头隔里激战了一整天。入夜后，独立营战士摸索前行，翻越羊崂山后折回东石，邓崇卯、陈德明等带着队伍来到车子岗，找到当地党组织负责人黄左平，由黄带路入洋塘的田寮坑休息。邓崇卯、李巴林、陈德明、巫志光等人商议决定暂时把队伍带到蕉平边界的铁山嶂，夜晚开始行动，次日天明时分赶到上锅笃、下锅笃。这一带群众基础较差，敌人又紧追而来，部队不敢久留，蕉平红军独立营便绕过铁山嶂，复返三坑鸭薮里；但三坑刚遭敌洗劫，大部分房屋被焚，人心浮动，民心不安，国民党蕉岭县自卫大队又驻扎在徐溪五里径的通道上。为了保存革命力量，蕉平红军独立营只得暂时分散，化整为零，红军战士分散各地隐蔽。邓崇卯、陈德明、赖清芳等县委领导带领一批精兵、骨干继续留在蕉平边界坚持斗争。刘安、陈顺侯等转移到蓝坊、南礤、北礤一带活动，陈学生、黄锦秀等回到丹溪继续斗争。

张宏昌受伤离队后，在营尾、矮车、尖坑等地延医治疗，国民党蕉岭县政府四处张贴悬赏缉拿张宏昌的告示。告示云："如有把张宏昌带到本府者，赏银300大元，如确知其下落前来报信者，赏银200大元。"后来，党组织把张宏昌转移到文福乌土村共产党员徐添家里继续养伤，因当地反动分子徐保六告密，蕉岭县自卫大队立即派出武装前去围捕，张宏昌于1929年9月19日被捕入狱。此时的张宏昌全身浮肿，伤势严重，不能活动，关押在蕉城牢里，受尽酷刑。10月间，蕉岭县国民党当局听闻红四军即将入粤，惊惶中将张宏昌枪杀于蕉城镇山楼下。张宏昌英勇就义，年仅27岁。

梅、蕉、平三县反动武装"会剿"后，蕉平两县党组织及武装力量受到严重破坏和损失，在斗争环境更加艰苦、斗争条件更加残酷的情况下，中共蕉岭组织领导人邓崇卯、陈顺侯、刘安等继承先烈遗志，坚持斗争，百折不挠。张宏昌受伤后，陈顺侯、刘安、孙辉等怀着对敌人的刻骨仇恨，率领赤卫队及群众100多人在三溪口召开群众大会，号召贫苦农民起来打倒土豪劣绅，当众杀死三溪口土豪王保英，没收其财物，收缴长枪3支，子弹200余发；带领群众砸碎南磜粮仓，把粮食分给贫苦农民。接着到北磜岭背抓获土豪梁志光，没收财物，罚款后将其释放，并在南磜建立了党团组织。刘安、陈顺侯、徐添、孙辉、郭中富、黄国丹、温仲华等在南磜左槐成立松江区革命委员会，并举行祭旗宣誓仪式。成立后机关迁至宝坑，活动在蕉梅边境，每行动一次就转移一次，用灵活的战略战术袭扰敌人。

第二节　朱德率领红四军进军蕉岭

1929 年 10 月中旬，红四军三个纵队离开闽西，兵分三路进军梅州。第一纵队司令员林彪，党代表熊寿祺，从上杭经中堡、湖洋入武平县（经古楼—上登—朱坑—象洞—北礤—南礤），19 日攻梅县松源；第二纵队司令员刘安恭，党代表张恨秋，打完虎头砂，撤退至永定县仙师务田休整，21 日经永定县洪山、半径、松源湾溪到达松源；第三纵队司令员伍中豪，党代表蔡协民，在杨梅崀同钟绍奎匪军打了一仗后占领岩前，住一夜后于 21 日到松源。

一、红四军入粤大捷

中共蕉岭县委接到中共东江特委指示后，做了大量的工作。1929 年 10 月 15 日，红四军来蕉岭前夕，县委即派陈顺侯、郭中富等人，到福建武平象洞迎接红四军，向朱德等红四军领导人报告蕉岭情况。他们返回时路经梅县松源圩，发现有两个连的敌军驻扎在那里，随即回到象洞向红军报告了敌情。

1929 年 10 月 18 日，根据陈顺侯等提供的军情，朱德军长命令红四军第一纵队从上杭、武平交界的中堡、湖洋出发，经象洞沿北磜尚田村到达离松源 10 里的南磜镇步上村宿营。得悉松源老圩坪何家祠一带驻有陈维远旅十三团一个营，准备第二天去围歼。19 日晨又得新的情报：原驻何家祠的一个营和陈维远旅的另一个营清早刚从南磜三坑口开往松源接防，早饭都还未吃。第一纵队于是急行军追歼这一营敌军，在南磜镇山亭发起进攻，出高陂壁，兵分三路袭击。

当天上午约 9 时，刚开到老圩坪的一营白军正搭起枪架休息，准备做饭。突然，赶到彩山下的一队红军，小部分登上了鬼岩塘山顶吹起冲锋号，大部分向老圩坪侧边的五星桥冲去，战斗打响了。毫无防备的白军急忙应战，且战且退。退至狐狸石头时，白军利用这块丘陵高地，继续顽抗。中、右两路红军赶上追打，这时左路红军亦从桥市后面赶到发起围攻，白军腹背受敌，夺路向松口方向溃逃。

不到两小时，战斗结束。此役击毙敌营长 1 人、连长 2 人及士兵百余，俘敌甚众，缴获机枪一批、步枪 78 支和弹药等一批。随后红四军还乘胜追击敌军到松源的彩山和老圩坪五星桥，将逃至老圩坪的国民党军和自卫队击溃，扫除了前进障碍。

二、南北礤人民热烈欢迎红四军

1929 年 10 月 19 日，朱德军长和朱云卿参谋长率领红四军三个纵队共 6000 多人，从福建上杭县城直抵梅县松源集结。途经北礤时，红四军军部由上杭经象洞到达北礤石寨圩。当天傍晚，为了不打扰当地群众，部队露宿于圣王山上一条 3 千米长的石砌古驿道上。石寨赤卫队员郭中富等发动石寨村群众热烈欢迎红军。客家人向来纯朴好客，对红军的到来，他们除用茶水热情款待外，还拿出在圣王山上采摘的石寨红菇，宰杀家鸡，用新米熬成一锅锅红色的粥，让朱德军长和战士们充饥。从此，石寨的红菇粥被亲切地称为"红军粥"；这条 3 千米长、曾经坐满红军休息露营的石砌路，也被当地群众称之为"红军路"。

朱德军长率领红四军进入蕉岭境内后，刘安、陈顺侯等立即带领农民赤卫队前往迎接，并与红四军总部取得联系。朱德军长等红四军领导人以极大的革命热情支持蕉岭的革命斗争，仔细听取蕉岭党组织领导人的工作汇报并作了指示，还发给蕉岭农民武装长枪 12 支、大洋 300 元。刘安、陈顺侯带领赤卫队替红四军带路、站岗放哨、侦察敌情，发动青年、妇女、儿童做三角红纸旗，张贴标语，清扫房屋庭院，沿途摆设茶水供应站点，帮助红军购买电筒、电池、毛衣、粮食和药品等。红四军驻松源期间，在桐子坪召开群众大会，松源、南北礤群众数千人参加大会，倾听朱德军长的演讲。会后，赤卫队在红军支持下没收石寨豪绅郭敬唐

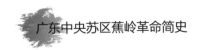

的家财，罚款后将其释放。在往蕉岭县城的路上，赤卫队截获了从福建象洞逃亡的豪绅冯国珍并交给红四军总部处理。

三、红四军轻取蕉岭县城

1929 年 10 月 24 日晨，红四军进入蕉岭县城。当时，蕉岭县城没有驻国民党的正规部队，以钟国祥、刘达群为首的警卫队一触即溃，国民党蕉岭县县长叶宝伦带着卫兵向河西方向狼狈逃窜。一些反动官僚和政客、土豪劣绅闻风而逃，国民党蕉岭政权土崩瓦解。

红四军进入蕉城后，派出宣传队和政治工作人员深入大街小巷和附城农村张贴告示，刷写标语，召开群众大会，宣讲红军的纪律政策，并与中共蕉岭县委取得联系，召集工商界人士开会座谈。东江特委军委委员罗欣然等协助军部筹集大洋 2000 元，收缴蕉岭土豪古盛孚的长枪 20 多支，放火焚烧国民党蕉岭县衙。朱德军长在蕉城老南街口武衙门坪发表演说，宣传共产党和红军的政治主张，申明红军是共产党领导的人民军队，是工农的子弟兵，是为穷人打天下、谋幸福的武装队伍。朱德军长号召人民要团结起来，打土豪、分田地，废除苛捐杂税，废除帝国主义在中国的特权，打倒国民党反动派，建立苏维埃政权；并告知商户打开店铺，照常营业。400 多名听众围成一圈，仔细聆听朱德军长激动人心的演讲，个个拍手称好，深受鼓舞。24日晚，红军大部队在蕉城西街、西门背一带宿营，朱德军长在艾坝住了一晚。

四、红四军途经新铺圩

1929年10月25日凌晨，红四军由蕉城出发经闽粤边界重镇新铺进入石扇抵梅县。朱德率领的红军部队准备取道新铺前，国民党新铺镇公所就在群众中散布谣言："红军是土匪，烧、杀、抢、掠无所不为。"并派人拆了石窟河上的木桥，驱走全部船只，下令圩内所有店铺一律关门停业。大部分青壮年和妇女都跑到乡下或山里躲避，只留下老弱病残者留守家门。朱德率部过河入圩后，严令不许惊扰百姓，战士们全部沿街席地而坐。受蒙骗的老百姓知道红军来了，都关门闭户待在家里，大气都不敢出。朱德叫人请一名叫陈文明的大胆青年商人沿街敲打铜锣，口喊告示："我们是红军，不是土匪，我们是打土豪的人民军队，不欺压百姓，请大家不要惊慌，照做生意，我们买卖公平……"陈文明敲完锣后，朱德叫人给他一块大洋作酬谢，陈文明立即打开店门与红军做起买卖来。商人们发现红军确实不骚扰百姓，而且买卖公平后，米行、盐铺、布匹、小百货等商行便接二连三开了铺闸，新铺圩又热闹起来了。朱德和他的部队进军梅县途中在新铺逗留近两个小时，临走时，红军在大路旁的墙壁上书写了"没收

土地分给农民""取消帝国主义在中国的特权"等标语，随后直抵梅县。

五、红四军对蕉岭的影响

红四军在蕉岭停留了两天，给蕉岭人民留下了极其深刻的印象。红军所到之处，军纪严明，爱护群众，不拿群众一针一线，公平买卖，深受人民欢迎拥护，是仁义之师、正义之师。红四军入蕉城，打击和震慑了敌人，红四军所到之处反动势力即成瓦解之势，首要反动分子纷纷溃逃，加速了蕉岭革命力量的发展壮大，三坑、油坑、左槐、龙华盖、八驳桥、下徐屋等地的农会组织和工农武装队伍都得到发展壮大。红四军入蕉城扩大了共产党和红军的政治影响，提高了人民群众对共产党的革命军队的认识及理解。在红军未来前，反动派说红军怎样杀人、放火、抢东西，使城乡群众和商人受到蒙骗；红军队伍到达蕉岭后，行动上完全与反动派的宣传相反，使敌人的谣言和中伤不攻自破，从而产生了很好的影响。红四军进军蕉岭，为蕉岭县融入中央苏区奠定了基础。

第三节　中共蕉平县委与蕉岭县苏维埃政府的成立

一、三坑苏维埃政府的成立和土地政纲的实施

三坑村位于蕉岭、平远、梅县的结合地带，是早期蕉岭县党组织和革命力量发展壮大的发源地，有 6 个自然村，约 80 户人家，450 多人，田地 600 余亩。三坑村面积虽然不大，但有广阔的高山密林作为屏障，便于和敌人迂回周旋。这里民风纯朴，群众基础牢靠。1929 年 5 月，油坑革命根据地被"围剿"，革命力量遭到破坏后，中共蕉岭县委和东江（蕉岭）红军独立营武装从油坑转移到三坑鸭薮里，把这一带的革命斗争搞得风生水起，轰轰烈烈。

1930 年 2 月，中共东江特委巡视员刘光夏来到蕉平县委驻地三坑传达了中共东江特委的指示，介绍了东江各县的斗争形势，指示蕉岭党组织要领导农民实行土地革命，建立苏维埃政府。

1930 年 3 月，三坑召开农民协会会员代表会议，每 20 人选出代表 1 人，代表在会上报告所在地方的债务、田地情况，开展

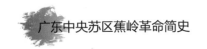

实行平分田地，取消老租老息的斗争。4月，中共蕉平县委书记鲁达到中共东江特委汇报工作回来后，认为当前的形势很好，红军游击活动将急速向东江方面发展。经上级决定，中共蕉岭县革命委员会宣告成立，指派赖清芳任主席，邓崇卯、鲁达、陈德明为委员。同年10月10日，蕉岭县革命委员会在三坑下畲村三才学校召开群众大会。在邓崇卯的主持下，蕉岭县三坑苏维埃政府宣告成立。选出钟永佛为苏维埃政府主席。三坑苏维埃政府下设五个科：土地科，科长张佛庆，主管土地丈量和土地分配；财政科，科长刘传兴，管理苏维埃政府的财政收支；军事科，科长钟生云，负责军事斗争，侦察敌情，押运货物，收缴保管枪支弹药，扩大人民武装；总务科，科长钟月桂，负责苏维埃政府的后勤给养；赤卫科，科长由钟永佛兼任，负责组织群众自卫，有大刀队、运输队、救护队等。

三坑苏维埃政府成立后，刻制了"三坑苏维埃政府"公章，出示布告，宣布苏区人民行使当家做主的权利；实行土地政纲，领导苏区人民开展打土豪斗地主、实行土地革命，没收封建公尝和地主的土地、烧田契、出仓谷，抗租抗债。土地革命的基本做法是按照中共东江特委第十九号通告的实施办法和西北七县联会1929年12月3日的决定进行，只分田地，未分阶级。分配土地以村为单位，先没收尝田、租田，按人口平均分配，在原耕地基础上抽多补少。具体做法是：由土地科指定3至5人为土地委员，负责调查全村土地分布、占有情况，然后根据人口、土地面积做出按人口平均分配计划；待分配方案做出之后，召开村民代表会，公布分田数量，宣布地主、封建公尝的土地没收，分配给全体贫苦农民；新分的土地不得买卖抵押。做方案时，为防止人口变动，留下部分公田，用公耕或采用四六或平均分成的办法进行经营耕种，除耕作者所得外，其余交给苏维埃政府。对于红军战士及其家属，则根据西北联会决定，分配土地时规定：（1）现役红军照常给予土地，由苏维埃人民代耕；（2）牺牲的红军，家属不能谋生活或生产能力薄弱者，苏维埃仍照常分给土地，令人代为耕种，直至其家人能自谋生活为止；（3）因伤残废的，其土地由苏维埃政府代为耕种，以养其终身；（4）过去因伤残或牺牲的红军，同样适用上述待遇。这些规定对扩大红军规模、建设革命武装起了重要作用。

三坑苏维埃政府领导苏区人民重新分配土地后，即按新分户进行耕种，苏区的贫苦农民第一次成了土地的主人，生产积极性空前高涨。当年春夏风调雨顺，苏区农民便开始插秧莳田，心情格外高兴，乡村内外，到处呈现出一派新气象。

二、中共蕉平县委的成立与革命斗争的挫折

1929年6月18日至7月初，中共东江特委在丰顺县黄礤召开东江各市县区党代表会议，中共蕉岭县委派赖清芳为代表出席了会议。为了贯彻这次大会精神，蕉岭县党组织为迎接红四军入

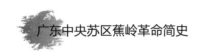

蕉城做了不少工作，革命形势不断向前推进。同时国民党反动武装也加紧了对蕉岭党组织和革命势力的"围剿"和摧残。张宏昌牺牲后，赖清芳接任了中共蕉岭县委书记。由于国民党蕉岭当局持续通缉、搜捕共产党人，蕉平红军独立营武装暂时分散隐蔽，革命又进入低潮阶段。

红四军离开蕉岭后，反动势力卷土重来。1929 年 10 月底，国民党蕉岭县自卫大队刘达群等率领武装近百人围攻洗劫南礤左槐革命据点，陈顺侯家的房屋及赤卫队营部被全部烧毁，另有拥护革命的群众王何生等 4 人被抓去。土豪劣绅在国民党蕉岭当局的支持下反攻倒算，气焰十分嚣张，白色恐怖笼罩着蕉岭。据东江特委巡视员报告记载："（蕉岭）县委情形：经清芳同志（书记）出席东代会后，县委到红军里面去了，一委员病，一委员（工人同志）经常做交通工作。东委会结束，清芳同志回去即病。支部情形：原有 12 个支部，现能发生关系的还有 2 个，其他都因白色恐怖的摧残而解体了。"在党组织活动困难的时期，蕉岭、平远又"与东委不能发生秘密的关系"，在此情况下，东江特委考虑将蕉平两县党的工作状况于 11 月报告省委，提出蕉平两县党组织合并为一个县委，并"调鲁达、伟文同志到蕉（岭）平（远）主持工作"。12 月 9 日，中共广东省委批准了东江特委这一报告，指示："蕉平两县工作，目前已无多大进展。为人财力集中起来，暂时可与两县合并成立县委，以指导两县工作，使工作发展时再分立县委。"

随后，中共蕉平县委成立，中共东江特委指派鲁达（张晓光）

为蕉平县委书记，赖清芳为组织委员，邓崇卯为宣传委员，陈德明、何贤为武装委员，邓亚槐为交通员。县委机关设在徐溪长滩头、三坑鸭薮里一带，并经常转移变换地点，与敌人周旋斗争，重振革命力量。

中共蕉平县委成立后，即根据西北七县联会关于"抓紧秋收斗争，以秋收斗争为中心任务，发动斗争，扩大红军。在赤色割据区域中，建立工农兵代表大会政权，实行没收地主阶级土地，分配给无地少地的农民"的指示精神开展工作。以发展蕉平边界的山区工作为重点，频频活动在三坑鸭薮里到平远热水、东石一带，把原来蕉平红军独立营分散的人员集中起来，加强联系，组织扩大队伍。挨村逐户开展宣传工作，组织农会，发展党团员，中共蕉平县委的活动范围成为一片赤色村庄。

1930年1月，中共东江特委派巡视员刘光夏到三坑检查指导工作，住在上畲刘接胜家里。刘光夏听取中共蕉平县委负责人的汇报后，称赞狭小山区农民组织的发展和当地人民高涨的革命热情，指示中共蕉平县委要积极组织群众，突击和牵制敌人，配合支援东江各地的革命斗争。刘光夏还对磜尾村、坎头铺一带的农会组织工作做了具体的指导。中共蕉平县委领导革命武装在边界处袭击敌人，在交通要冲三角地附近扩大农会和赤卫队组织，印制土地调查分配表格，待机发动农民分田建政。

1930年5月4日，红四军第一纵队从江西寻乌经八尺攻入平远县城仁居镇，打通了赣粤边界红色区域的联系。此时，东江西北七县之五华、丰顺、平远、蕉岭、大埔的红色区域基本上与赣南寻乌的红色区域相通。5月20日，红四军第一纵队第一支队在队长王良的率领下开赴平远东石，打击土豪地主的势力。5月27日，陈德明、刘接胜带领武装摧毁了平远热水乡公所，并扩大出击范围，先后没收磜上土豪叶呈文、山下刘济廷、双坝赖华敏、黄竹坪张金星、高田坑丘俊秀、官田上何基家的粮食分发给农民；没收平远柚树圩反动商人刘耀合、张益群、刘威五等的布匹杂货。6月20日，邓崇卯、黄金增、吴祥灵等又出击热水乡，抄了土豪张金芳的家；30日转回三坑鸭薮里，在徐溪高乾一带打土豪，收缴枪支。

红四军第一纵队奉命回闽西后，国民党反动派将平远长田的黄双桂、柚树的刘威五、蕉岭新铺的陈卓超等反动武装拼凑起来，分三路进犯蕉平赤卫队驻地磜尾村。双方激战后，赤卫队隐蔽在山林深处。敌人强迫长田等地的几百名群众集中起来，企图引诱赤卫队进圈套，并四处放枪杀人，放火烧毁群众的房屋。磜尾村浓烟滚滚，4座祖堂和当地群众200多间房屋全部烧毁。农会负责人曹远元、李阿三等8人牺牲。

为了牵制追击红四军的敌人，蕉平革命武装在热水通衢村树起旗帜，从蕉岭三坑至平远热水磜尾，多次与敌激战。1930年秋，梅县、蕉岭、平远反动武装纠集1000多人，再次"会剿"三坑一带。邓崇卯等带领部队在鸭薮顶坚持战斗，终因敌众我寡退至平远热水、大柘、坝头一带开展游击。这次"会剿"，敌人用尽烧光、杀光、抢光的残酷手段洗劫三坑，所到之处空无一物，何贤在战斗中光荣牺牲。敌人四处张贴告示，通缉悬赏中共蕉岭组织领导人，赖清芳、鲁达屡遭追杀，多次遇险，许多可靠群众被抓的抓、赶的赶，而赖清芳的老家又多次被抄被查封，赖清芳终因无处藏匿，无奈出走荷印。陈德明在三圳横龙岗被捕遇害。张五妹在梅县就义，就义前大义凛然，引吭高歌："荷树结籽花揽花，人家话我共产嫲，红白还没分胜负，江山未知归哪侪。"交通员邓亚槐在徐溪夜渡时不幸被捕牺牲。中共蕉平县委遭受重创，被迫停止活动。剩下武装队伍由邓崇卯等率领继续在蕉平边界坚持斗争。

1930年11月17日，刘安在南礤浒竹坪水口（蓝源岐山背）一间土纸厂召开会议时，被当地反动分子黄增君告密。国民党蕉岭当局派大批军警围捕，刘安与妻子梁文兴在突围中被俘，被押至松源刘树南部审讯，受尽酷刑，坚强不屈。十多天后，转押到国民党驻蕉岭县二四八团团部，团长郑子春深知刘安是中共蕉岭组织的重要领导人之一，便软硬兼施、威逼利诱，用尽各种手段劝刘安投降。刘安坚如磐石，宁死不降。1931年1月10日，刘安被杀害于蕉城镇庙岃背，年仅26岁。

第四节　蕉平寻苏区的形成与斗争

一、蕉平寻地理位置及政治、经济概况

蕉岭、平远、寻乌三县位于闽粤赣三省交界处，以项山为中心，山水相连。在第二次国内革命战争年代，蕉平寻三县是闽粤赣联系的中心县。蕉平寻苏区成为扼守赣南、闽西中央革命根据地的南大门。其辖区范围包括：寻乌全境；平远的大柘、八尺、东石、新圩、仁居、石正、长田；蕉岭县的三圳、蕉城、新铺地区。蕉平寻苏区面积 3370 平方千米，约占三县总面积的 70%；人口共 20 余万，约占三县总人口的 70%。

蕉平寻境内山地多，间有丘陵，矿藏丰富，气候温和，土地肥沃，林木茂密，粮油丰盈。由于地处边远山区，地广人稀，水路、陆路交通不便。没有大型工业，以分散的个体农业为主，兼有小手工业和林牧副业，个体商业购销落后。当地人民用辛勤的劳动，创造大量的物质财富，如大米、茶叶、烟叶、纸张、木材、香菇等农副产品，远销外地。

在过去，蕉岭、平远、寻乌三县人民深受帝国主义、封建主

义和官僚资本主义及其政治代表国民党反动派的压迫剥削，三县呈现出政治腐败、经济凋敝、人穷财尽、民不聊生的情景。当地的地主豪绅和国民党反动派互相勾结，通过强化县、区和保甲制度，施行重租、重息、重捐等手段，对农民进行残酷剥削，使农民终年劳动却过着牛马不如、卖儿卖女的悲惨生活。中外反动派还利用宗教迷信愚弄欺骗人民，使蕉平寻三县的文化教育落后，封建意识和封建礼教根深蒂固。随着 1919 年五四爱国运动的爆发，马克思列宁主义等新思想、新文化的传播，革命道理的灌输使人民群众反帝反封建、渴望光明的思想十分活跃，寻求真理争取出路的情绪逐步高涨。

二、蕉平寻苏区形成的历史背景

1930 年 9 月 24—28 日，在共产国际的指导下，在瞿秋白的主持下，中国共产党在上海召开了扩大的六届三中全会，中共广东省委代表李富春、陈郁出席了六届三中全会。扩大的六届三中全会进一步批评了以李立三为代表的"左"倾错误，基本结束了李立三的"左"倾冒险主义错误的统治。紧接着中央红军粉碎了国民党军队对中央红色根据地的第一次"围剿"，红军队伍扩大，苏维埃政权得到巩固，赣南、闽西两个革命根据地基本连成一片，形成拥有 21 个县城、250 万人口的中央苏区。10 月 24 日，中共

中央政治局讨论通过了《关于苏维埃区域目前工作计划》，确定将闽西苏区与广东东江苏区合并，设立闽粤赣边区特委。同年10月底至11月初，中共中央派邓发和广东省委常委、组织部部长李富春到大南山大溪坝村，召开闽粤赣苏区第一次党代表大会，参加会议的有东江各县代表近80人，方方任大会秘书长。会议决定成立闽粤赣边区特委，东江设西南、西北分委，隶属闽粤赣边区特委领导。

根据闽粤赣苏区党代表大会决议，边县相继成立县委和县苏维埃政权，并积极开展斗争活动，革命形势有所发展。由于敌人的分割，把闽粤赣三省边界苏区连成一片的计划未能实现。地处中央苏区南端的江西省寻乌县，由于红四军的两次进驻，革命斗争形势较好，全县基本成为红色苏区。1930年12月11日，西北分委巡视员刘琴西给龙川、兴宁、平远、蕉岭、寻乌县委来信："由寻乌县委即召集蕉平两县委筹备蕉平寻三县合并党代表会。"而后，西北分委派刘琴西、李巴林到寻乌留车，指导蕉平寻三县党团代表大会和工农兵第一次代表大会的筹备工作。

1931年1月10日，中共寻乌县委以寻乌行委名义就《关于选派代表出席蕉平寻党团代表大会问题》发出第七号《通告》，提出"要在闽粤赣苏区党西北分委的指导下，合蕉、平、寻三县成立新县委领导三县工作"。经过短期紧张的筹备，1月15—21日，蕉平寻三县党团代表大会与工农兵第一次代表大会在江西寻乌黄田同时召开。党团代表大会主席团由赵冠鹏、赵尚杰、赖兴邦、李大南、廖裕德、林汉倜、陈传标、曾加棉、罗月福9位同志组成，会期6天。大会成立了中共蕉平寻县委，选举赵冠鹏为县委书记，曾加棉、林汉倜、易敬永、李大南、赖兴邦、邝三妹为县委委员，廖裕德、刘葵五、温焕清为候补委员，刘兰芬为县委秘书长，李大南任县苏维埃政府主席，曾不凡为团县委书记。县委机关和苏维埃政府机关设在黄田。至此，蕉平寻苏区正式形成。

中共蕉平寻县委成立后，县委内设组织、宣传两个部，由廖醒中、罗月福、林汉倜等负责。县以下设区、乡两级党的组织，区设党委，乡设支部，稍后又增设了平城特支、寻城特支、石排特支、县苏党团特支、丹溪特支，另设有工、医等专业团队的特支，各特支与区委并列，直属于县委领导。县委开始时在蕉岭苏区设置了三蕉铺区（三圳、蕉城、新铺），后来规范为蕉城区和新铺区，蕉城区主席为宋永兴，新铺区主席为刘传兴。

此后一年多时间，中共蕉平寻县委、县苏维埃政府成立了县苏维埃最高权力机关常务委员会，常委会下设调查委员会、经济委员会、裁判委员会、文化委员会、土地委员会、军事委员会、粮食委员会、建设委员会、劳动委员会、交通委员会、秘书处。区苏在常委会下相应设立上列各科。乡苏设上列各股，均可聘一名秘书，并成立了各级工会、共青团、少先队、妇女会、农会、赤卫队等组织，开办了支书训练班、苏维埃政府训练班、军事干部训练班等。各乡均建立了列宁小学，县苏在留车的罗塘村开办了一所列宁师范，县、区、乡三级都成立了宣传队。乡村还建有剧团、俱乐部、娱乐社等，创办了《赤报》三日刊，《支部生活》

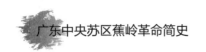

旬刊、《红旗》月刊；还发布了一系列军政文告，并彻底分配了土地。蕉岭土地革命斗争全面展开，整个苏区欣欣向荣。

三、蕉平寻苏区的建设

中共蕉平寻县委、县苏维埃政权成立后，积极贯彻执行县党团代表大会和工农兵代表大会的政治、经济、政权、武装等方面的决议，积极进行苏区的自身建设。

在行政区域上，工农兵第一次代表大会确定了全县设置为蕉铺区、新平尺区、石坝东长区、光留篁区、吉澄寻区5个大区，后又改设为寻城、留东、蕉城、新铺、坝头、八尺、篁乡、吉潭、大柘、平城10个区。蕉岭县设蕉城和新铺2个区，中共新铺区委、区苏维埃政府设在徐溪黄坑，由谢梅初负责（后刘传兴）；中共蕉城区委、区苏维埃政府机关设在油坑村，由宋永兴负责。区以下设乡，并成立寻乌地区各区、乡及蕉、平两地各区、乡的苏维埃政府。县苏维埃设常委会，常委会下设调查、经济等委员会和秘书处。区苏维埃则相应设各科，乡苏维埃设立各股。

党的组织建设方面：首先健全了区乡两级的党组织。区设党委，乡设支部，全县改设10个区后，党组织基础好、党员多的区仍设区委；有些党员人数较少的区，或党员较多的乡则设置与区委平列直属于县委的特支，如平城、寻城等，还设了工、医等专业团体的特支。同时，为了增强党的战斗力，县委于 1931 年 1 月下旬至 2 月中旬先后召开三次组织工作会议。会议决定党要彻底洗刷富农、流氓、动摇分子出党，健全支部生活，发行党刊，举办党员干部训练班，提高党员的政治文化水平，建立城市工作和巡视员制度；吸收在斗争中积极勇敢、信念坚定的贫雇农入党。在三次组织工作会议上，共审批了 28 名同志入党并处分了一些同志。此后，在各地党组织的努力下，党的队伍迅速发展壮大，蕉、平、寻在短期内共吸收了 320 名新党员，使党员总数增加到 600 多人。此后，县委又下达了加紧发展党组织的任务，要各地吸收新党员，使党的组织建设取得了很好的成绩。

政权建设方面：苏维埃政权内设调查、经济、军事、裁判、交通、文化、土地、粮食、劳动委员会和秘书处。在这两个代表大会上，通过了如下 5 个决议：

1. 健全苏维埃的政权组织和军事组织。组织雇农工会、贫农团，积极反对富农，彻底分配土地。在工会中组织工人纠察队，农民中组织赤卫队，并以最忠诚的分子组成赤色先锋队。

2. 苏维埃的财政政策。除土地税、累进税外，不得向群众征收任何税款，保护商店，允许私人贸易，积极帮助群众发展生产。

3. 反右倾问题。必须反对回避斗争，脱离群众，做群众尾巴，反对不正确地扩大红军、苏维埃官僚化、苏维埃人员分好田的错误做法。在发动群众说服教育的原则下向右倾机会主义者进行斗争。

4. 猛烈扩大红军，组织地方暴动。红军是革命战争的主力军，根据中央发展百万红军的号召，决定加紧普遍宣传扩大红军，使群众自愿热烈地参加红军。并根据当时赤区群众革命日益坚决，白区群众在反动军阀国民党的加紧剥削下，也迫切要求革命的客观情况，决定深入白区发动城市贫民、小商户进行抗捐抗税，发动农民组织农会，进行打土豪分田地，抗租抗债。

5.青年、妇女的工作问题。青年是革命的有生力量，妇女占人口的半数，对革命有极大的作用。决议号召青年坚决勇敢地站在斗争的最前列，妇女也应行动起来，参加革命斗争，打破封建枷锁，争取自身解放。

群众团体建设方面：在加强党的组织建设的同时，县委、县苏维埃还大力发展革命的群众组织，具体表现在以下4个方面。

1.建立了县总工会。1931年2月7日，召开了全县第一次工会代表大会，出席代表103人。大会讨论了土地、军事、政权、债务、城市政策、劳动、工人文化教育等问题，还通过了《优待红军条例》和慰问工人、农民的决议，并选举了钟步仁、曾灼如为总工会的领导人。

2.组织农村中的雇农工会和贫农团。县委、县苏维埃在建立县总工会后不久，逐步建立了县、区、乡三级的雇农工会和贫农团，确定了贫雇农在农村中的领导地位。

3.加强青少年工作。蕉平寻县第一次党团代表大会后，团组织相应建立，团县委书记曾不凡（后为罗华明），刘泮林任团县委巡视员兼儿童团书记。2月间，寻乌地区召开了团员代表大会，讨论和确定了团的方针任务和发展路线，还决定了留车团支部为模范支部。大会最后还通过了宣传、青运、军事等事项决议。会后，健全了县、区、乡各级团组织，并计划在全县发展342名团员。团县委还创办了《团的生活》《蕉平寻青年》等刊物。各级团组织还大力做好青少年的工作，4月间动员了75名青少年参加红军。县、区、乡还建立了少儿组织：县设总队，总队长谢应章；区设大队；乡设小队；根据地内的少年儿童一律编入少儿组织。

4.建立妇女会。县、区、乡设立劳动妇女委员会（全县有9个区妇女委员会），各妇女会由各级代表大会选举产生，县妇女会负责人古佛秀、黎东玉、古婉玉。各级妇女会成立以后，发动广大妇女参加革命斗争，废除封建买卖婚姻，提倡男女平等。

四、蕉平寻苏区的反"围剿"等武装斗争

1930年年底，原寻乌赤卫总队被编为红军三十五军独立营，营长为陈必达。新县委成立以后，又从各区、乡征调赤卫队员，重建县赤卫总队，并把寻乌赤卫总队及平远赤卫队特务营归编于红军第六军第二师独立营。各区、乡都有赤卫队，蕉平地区还建立了一些游击队。地方武装队伍的扩大，有力地配合了主力红军铲除赤区中的一些白点和赤区周边的反动营垒，在蕉平寻苏区内开展了三次反"围剿"斗争。1931年1月下旬，红三十五军从信丰、安远回师寻乌，在二三月间与地方赤卫队协同作战，先后击

溃车头、牛石顽敌，复又攻下丹溪、石正、仲石、中行一带的反动营垒。篁乡区的溪尾村，是赤区中的一个白点，由罗含章反动部队固守，赤卫队屡攻不克。4月，红七军到达寻乌，县委动员各区赤卫队和群众，配合红七军围攻溪尾，激战七昼夜，敌军损失惨重，弃守溃逃，篁乡全区成为赤红区域。

2月，反动头子谢嘉猷带领 500 余名团匪，纠集盘踞在叶子畬的潘满山土匪 100 多人，向寻乌的东头猛扑过去。红军和赤卫队会同广东龙川县杨子杰的绿林军，预先三面埋伏在有利地带。匪敌进村时，红军、赤卫队、绿林军从三面出击，予敌重创，缴枪 20 余支，活捉潘匪参谋长肖文。三天以后，潘满山不甘心失败，又纠集各地团匪，四路围攻寻乌大田苏区，当时因主力部队已开往三标，地方武装人单力薄，大田陷落，敌人烧杀抢后分四路退回，地方武装集中力量追击较弱的潘满山股匪，使其伤亡惨重。三四月间，潘匪又勾结兴宁张英的反动军队 200 多人围攻龙图苏区。群众坚壁清野，敌人进村的当天晚上，赤卫队组织 30 名勇士组成大刀队冲入敌人营地，杀得进犯之敌血肉横飞，尸首遍陈。武装斗争的胜利，使蕉平寻革命根据地在政治、经济、军事等方面都呈现出大好局面。

1930 年下半年至 1932 年春，梅州各县根据地先后受李立三"左"倾冒险主义和王明"左"倾路线的危害，苏区党组织和苏维埃政府及革命武装都遭受重大损失。1930 年 10 月开始，国民党蒋介石调集 10 万军队，在江西省府主席鲁涤平指挥下，重点"围剿"中央苏区。次年春，广东军阀奉蒋介石之命，派重兵进攻蕉平寻等根据地，配合国民党军队对中央苏区的"围剿"。1931 年 4 月，在蕉平寻苏区的"篁乡事件"中，窥伺于广东、定南的敌军及原蕉平寻三县的反动武装，乘机进行疯狂的反扑和洗劫，结果蕉平寻苏区内有 2 万多干部群众被杀，1.8 万多间民房被焚毁。在这内忧外患的形势下，蕉平寻革命根据地的区域日益缩小。随着斗争的变化，中共蕉平寻县委逐渐北移。1931 年初设在黄田，不久迁往留车，后搬到石马，年底移到寻乌县城。

1931 年 2 月 21 日，西北分委派梁锡祜、陈侃、陈炳坤到蕉岭徐溪三坑苏区召开党团代表会议。会议主要是贯彻中共六届四中全会精神。蕉岭、平远、梅县、松源的党团代表 40 余人出席了会议。会议由陈侃、邓崇卯主持，这次会议传达西北分委的指示精神，开始了王明"左"倾路线对梅蕉平的统治。会后，邓崇卯还到白渡的大坑尾周坑党支部贯彻会议精神，在塘子尾开了 2 天会议。2 月 26 日，邓崇卯、黄振欧、钟晋孙、谢继生等十多人前往寻乌，到达平远县洋塘时与河头村境内的守敌遭遇，不能直接前往，即返回平远东石坳上一带活动。先后在黄兴文、黄耀兴等家里隐蔽，策划斗争。同年 10 月 1 日，邓崇卯等遭到平远反动武装张英部一个中队的包围，突围中邓崇卯为掩护战友头部中弹，不幸牺牲，年仅 28 岁。

邓崇卯牺牲后，中共蕉城区委、新铺区委继续发动群众，分成东西两个区域，坚持武装斗争。东面的宋永兴、吴国桢等人在大峰嶂一带活动；西面的刘传兴等人在铁山嶂等地与敌周旋。1931 年 3 月，中共蕉城区委主要领导人徐添在长潭的普滩石蛇被

捕，解押回蕉城后即遭杀害。

1931年2月，中共蕉城区委、革命委员会成立，区委书记宋永兴兼革命委员会主席，同时组建了赤卫队。在宋永兴、吴国桢的领导下，有赤卫队武装30多人，编成两个小分队，扎营在油坑，在三圳、蓝坊、南北礤一带开展游击活动。7月20日，赤卫队公开惩处了国民党蕉岭县政府派往油坑进驻的反动团董宋品青，并袭击了以廖秋屏为首的警卫训练队。9月初，蕉平两县团防配合梅县派出的黄志鸿部，"围剿"三坑后折回，向油坑赤卫队驻地扑来。赤卫队寡不敌众，在宋永兴、吴国桢、曾日祥、刘坚带领下突出重围，转移到蓝坊的梨树坑、中坳子及南礤的浒竹坪、梨树排一带活动。一天晚上，宋永兴、吴国桢等在黄云康纸厂开会时，被当地人黄显寿告密，敌人分四路包围赤卫队武装驻地观音庵，赤卫队与敌激战数小时后退至大峰嶂。

大峰嶂位于蕉岭东面与梅县交界处，是群山之中一座比较高的山峰，四面悬崖峭壁，又高又陡。有一条大山沟是进入大峰嶂的唯一通道，山沟内野藤缠绕，荆棘丛生。宋永兴、吴国桢领导30多名赤卫队员在这里安营扎寨，坚持斗争。他们一面苦练杀敌本领，在山上险要处筑垒"石炮"，迎击敌人；一面在山上伐木烧炭解决给养。晚上派出小分队到附近村庄发动群众，开展工作。1931年冬的一天，1000多个敌人前来偷袭，包围了大峰嶂。赤卫队哨兵打死了走在前面的两个敌人，霎时间枪声大作。敌人往山上冲时，赤卫队员用"石炮"打退了敌人的进攻。晚上，敌人在山脚四周点起一堆堆大火堆，宋永兴、吴国桢在当地群众引路下，穿密林、攀山崖，沿着人迹罕至的险径胜利突出包围圈，连夜走了20多千米山路转移到梅县松源的小石庵住了下来。小石庵偏僻隐蔽，离原赤区三溪口仅有8里地。宋永兴、吴国桢即派人到三溪口的左槐坑，找到农会积极分子黄荣寿后，得知三溪口的敌人刚刚组织警卫队，有36人，28支枪，队部设在黄子祯的大屋里，同时，还成立了治安会，由黄子祯任治安会会长兼警卫队队长。宋永兴、吴国桢召集党员开会，决定趁敌人警卫队和治安会刚成立、缺乏战斗力的有利时机消灭它，并根据黄荣寿提供的情况拟定了行动计划，决定夜袭黄子祯。1932年1月5日晚，刘振小队长带领陈亚五、张南、陈亚碧、陈石生、黄三、宋义等6名精干队员，配备驳壳枪，由黄荣寿引路，直扑黄子祯家。当场枪决了黄子祯，缴获枪支弹药一批。

大峰嶂的阻击、突围，三溪的奇袭，鼓舞了处于革命低潮中群众的斗志，"红军没有走""红军又回来了""共产党没有杀光，共产党还与我们在一起"的消息不胫而走。宋永兴、吴国桢等迅速地开展工作，十多天后又处决了蓝源畲治安会副主席何汉三，并发动群众减租减息。三溪口、蓝源畲、高山下一带纵横30多里的革命斗争又活跃起来。但反动武装纠集了更多的兵力，进行大规模的"围剿"，宋永兴、吴国桢等决定把队伍分散开来，伺机打击敌人。宋永兴带一部分战士转入三坑，与刘传兴会合，吴国桢带一批留在南北磜、松源等地活动，后转移到闽西。

1931年3月下旬，刘接盛、谢亚祥从江西寻乌带回7位中央红军来到三坑鸭薮里指导军事工作。国民党蕉岭当局十分惊慌，

都说三坑鸭薮里的是"洋共",不是"土共"。9月初,梅县国民党派出黄志鸿营,在蕉平两县反动武装配合下,大规模"围剿"三坑苏区。在敌强我弱的形势下,中共新铺区委和革命委员会被迫从三坑迁移至黄坑东河岭兰峰畲鸡薮窝坚持斗争。1932年3月,中共新铺区委和革命委员会被反动军队包围,有4人牺牲,区委和革命委员会的文件、印章及三坑苏维埃政府的印章、文件全部丢失。事后报告中共寻乌县委,县委来信指示蕉城和新铺区的干部和武装人员,全部到寻乌安排工作。1932年10月,中央军区第三作战分区政治委员邓小平来到中共寻乌县委开会,指示蕉岭方面来的干部到军区接受训练。受训后,刘传兴、宋永兴、陈炳坤、曹秋生、曹亚五5人返回蕉岭工作,途经福建军区,由中共上杭中心县委书记方方指引行军路线,至1933年7月底才回到蕉岭。后因曹秋生父子逃跑回家,暴露了目标。

1932年秋,由于敌人的重兵"围剿",蕉岭的油坑、三坑、黄坑、黄沙、大峰嶂、梨树坑等革命据点均遭敌人破坏。由于斗争环境异常险恶,部分武装人员只得再次北上寻乌、会昌等地找寻党组织,接受训练,分配工作。宋永兴、刘传兴等返回江西,经过训练在会昌筠门岭第三分区任职,宋、刘两人分别在供给部出纳科和粮服科工作。其后,刘传兴又出任青溪兵站站长一职,宋永兴随中央红军参加长征,在抢渡金沙江时光荣牺牲。

1934年1月,刘传兴等奉军区命令,率一个营从程江出发,折回蕉平寻边区,往返于铁山嶂、四姑嶂、天子嶂、耙头古嶂一带开展游击活动,在铁山嶂袭击了敌团防武装后回到老苏区三坑鸭薮里。三坑一带的老苏区群众因多次遭受国民党反动武装的烧杀洗劫，情绪低落，生产生活十分困难。三四月间，刘传兴等只得率部转移到耙头古嶂，在黄沙溪等地开展活动时与中共兴龙县委蔡梅祥取得了联系。一次，部队在转移途中经平远石正时与敌遭遇，毙敌1人，缴枪数支。刘传兴在天子嶂脚部负伤，后留在中共兴龙县委养伤，部队由营长率领返回会昌筠门岭。刘传兴伤愈归队后，被分配在兴龙游击大队负责出纳工作。兴龙游击大队大队长李大添率领队伍活动于秦峰、丹溪、天子嶂、耙头古嶂、叶子畲、黄乡、留车及龙川的大信一带。9月，兴龙游击大队被敌包围，突围中大队长李大添牺牲，队伍被打散。刘传兴等人返回三坑隐蔽，刘传兴与通讯员和一位伤员突围至天子嶂，然后在丹溪、陈坑、笠麻坑、上暗、下暗、乌石一带做群众工作，建立秘密关系和据点。

1935年春，中央红军长征后，广东军阀的军队陆续返防广东，加紧了对东江各个根据地的军事"会剿"，革命斗争又一次陷入低潮。同年5月，平远石正传教士以及教徒3人到丹溪时被抓获，送到中共兴龙县委。此举惊动了敌人。敌人派重兵包围中共兴龙县委，形势非常严峻。此时，中共东江特委罗屏汉，中共兴龙县委蔡梅祥、曾九华以及二十二师周师长在耙头古嶂开会，决定暂时分散队伍，要求原蕉平县的十多位干部返回蕉平根据地隐蔽待机。会后，刘传兴等十余人星夜突围，突围战斗中队伍被冲散，到陈坑时仅存4人。

1932年春，蕉平寻苏区党组织遭到反动武装的严重破坏，寻

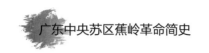

乌、平远的部分干部和武装人员撤至北边的会昌、安远等地隐蔽。蕉岭的陈炳坤等共产党员在大坪塘山坑等地从事地下活动，后与会昌筠门岭党组织取得联系后，在当地参加了红军。

中共蕉平寻县委是在特定的历史条件下，根据革命斗争的形势需要建立起来的。苏区人民在中国共产党领导下开展了土地革命、武装斗争、经济文化建设和革命的群众团体建设，并取得卓著成绩。特别是在守卫中央苏区南大门，在粉碎国民党反动派的第二、第三次"围剿"的斗争中，立下了历史性功绩。由于反动势力的强大和王明"左"倾路线的危害，蕉平寻苏区的革命斗争失败了；但是在这里播下了革命种子，党组织和革命武装经受了严峻的考验，经受了血与火的洗礼，革命斗争的火焰一直在燃烧，为后来的全民族抗日战争和解放战争的胜利创造了条件。这里的人民革命所积累的丰富斗争经验和教训是值得记取的。苏区人民百折不挠、甘于奉献、勇于牺牲的精神激励着人们在党的正确领导下，不断革命，不断前进。

五、蕉平寻的红色交通线

1930年12月11日，闽粤赣苏区特委西北分委致信龙川、兴宁、寻乌、平远、蕉岭等县委，强调指出"交通工作是党的重要工作的部分，交通工作不好，一切工作都因此而生困难，分委要提起党加予注意"。分委决定各地交通工作收归党管理，兴宁（县委）要负责通龙川、寻乌、蕉平的交通工作，蕉平寻（县委）要负责兴宁、闽西的交通工作，交通路线沿途需计路程之适合交通站，并派同志专门负责，交通员由各县党部负担。

国民党反动派把对根据地的封锁视为消灭红军和使苏区自行崩溃的重要战略。为粉碎国民党对中央苏区的经济封锁，中共蕉平寻县委和县苏维埃政府便以边境贸易、中转经销等办法来对付。寻乌地区的进出口物资均由蕉岭、平远和兴宁、龙川地区的个体商贩通过山路中转、晚上偷运、乔装过境等办法，把土特产品运出去换回日常用品以满足人民生活的需要。当年，为打破国民党的经济封锁起过重大作用的商业贸易通道——石正至笋门岭、中行至安远两条山路，被中共蕉平寻县委分别命名为"列宁路"和"马克思路"。

"列宁路"和"马克思路"贯穿粤赣红白交界地带，以山间小路为主，避开县城和大道，运输主要靠人力和骡马。这两条交通线在民国初年就已形成，至中央苏区时从未间断。那时，蕉岭新铺是盐的中转站，转运的食盐每年有9000多吨。盐的运输有两条水路，一条水路由新铺运至蕉城艾坝，另一条水路从新铺沿柚树河至平远坝头，然后由陆路运至赣南中央苏区。蕉平苏区的人民为解决中央苏区的经济困难，开辟了平远差干至下坝的交通线，冒着生命危险设法把从石窟河运上的盐、船灯、电筒、煤油、药品、布匹等物资输运到中央苏区。1932年2月29日，往返粤赣线上红军运输小分队19人，被国民党军发觉包围，因力量悬殊全部被捕，缴去食盐等物资 12 石。

《红四军在下坝的革命史实考》一文中提到，这条秘密交通线的基本路径是：潮汕—梅州—蕉岭（石窟河）—平远（柚树河）—下坝—江西寻乌罗塘—中央苏区。

据考证，中央苏区时期秘密交通线有 4 条：（1）上海—香港—汕头—潮安—大埔—青溪—永定；（2）上海—香港—汕头—澄海—饶平—平和—大埔—永定；（3）上海—香港—汕头—潮安—梅县—蕉岭—寻乌—安远—会昌—瑞金；（4）上海—香港—厦门—漳州—龙岩—永定—上杭—汀州等[①]。

1934 年 10 月，上海中央局被破坏，警察从一个自称"陈启惠"的女子随身携带的袋子里搜出了《有关上海苏维埃区间经由香港韶关广东及以由汕头蕉岭广东的二交通路线的纪录》等中共重要文件，印证了"中央红色交通线"复线的客观史实[②]。

毛泽东在《寻乌调查》（1930 年 5 月）中记载，从寻城出发，往筠门岭 90 里，往武平 180 里，往梅县 240 里，往兴宁 240 里，往安远 110 里，往龙川 310 里，往定南（经上坪、胡山、太平、鹅公坪）160 里。陆路运输工具大多数是活人肩胛，其次是骡马。县城通梅县的大路上骡马很多。梅县一带很缺乏米，价比寻乌贵一倍，寻乌每年要供给它很多。石城、瑞金的米到筠门岭，大部分经罗塘、下坝（武平属），新铺（蕉岭属）往梅县，每天约供 300 石。

---

① 王新生：《试论上海至中央苏区的秘密交通线》，中央红色交通线学术研讨会，2018 年 10 月。

② 徐宝来：《中央红色交通线复线》，中央红色交通线学术研讨会，2018 年 10 月。

第三章
全民族抗日战争时期

第一节　全民族抗日战争爆发后蕉岭的抗日救亡运动

一、抗日救亡运动的开展

1937 年 7 月 7 日，日本帝国主义侵略者以其制造的卢沟桥事变为借口，发动了全面侵华战争。中国共产党通电全国，号召全国人民进行全民族抗战，中国革命由十年内战进入全民族抗日战争时期。

地处闽粤赣边区的梅州地区，与被日本作为占领目标的汕头相连，战略地位十分重要。1937 年 8 月 31 日，日军飞机对丰顺汤坑、留隍等地进行轰炸，接着又对梅县县城和郊区进行侦察轰炸，梅州人民强烈感受到日本侵略的危机。

梅州各地党组织在民族危亡的紧要关头，积极领导抗日救亡运动。1937 年 6 月，根据中共南方临时工作委员会的决定，成立了中共韩江工作委员会，书记李碧山，组织部部长李平，宣传部部长曾应之，领导潮梅地区的党组织广泛发动群众，开展抗日救亡运动。1937 年 10 月，中共闽粤赣边党代会在福建龙岩白沙召开，成立中共闽粤赣边省委。12月，根据南委指示，潮梅地区党组织划归闽粤赣边省委领导，撤销中共韩江工委，分别成立潮汕、梅县两个中心县委①。

在中共梅县中心县委的领导下，蕉岭的南礤、北礤、新铺、三圳、文福、蕉城等地，广泛开展了抗日救亡运动。南礤、北礤地区（党组织隶属中共松源区委领导）以党员为核心，组织一支以中小学师生、社会知识青年和各阶层先进分子为主力的抗日力量，以梅县六甲联立中学为中心，各小学为基本阵地，开展了抗日救亡运动。

1937年6月，中共松源区委成立后，积极在中小学师生中发展党员。蕉岭的郭鼎英等先后入党，成为抗日活动骨干。七七事变后，国民党在松源成立了"抗敌后援会"和"抗日自卫团"，其领导权实际掌握在中共松源区委手中，成为党领导下的爱国统一战线组织，梅蕉六甲联立中学、各小学和有骨干的乡村都成立了类似的组织。从此，依托公开、合法的抗日组织，中共松源区委开展形式多样的抗日活动。一是画漫画、出墙报、书写墙头标语。如"全民动员、抗战到底""打倒日本帝国主义"等标语，使人们感受到浓烈的抗日气氛。二是组织宣传队上街张贴时事简报，深入圩镇乡村，演出抗日话剧，演唱抗日歌曲，进行演讲宣传，深受群众欢迎。各地都普遍编写抗战歌曲，翻印和教唱《义勇军进行曲》《毕业歌》等，演出《放下你的鞭子》等抗日话剧，演出的高潮和间隙

---

① 中共梅州市委组织部、中共梅州市委党史研究室、梅州市档案馆合编：《中国共产党广东梅州市组织史资料》，内部资料，1995年，第93页。

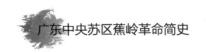

又领呼抗日救国口号，教育了人民，唤醒群众的爱国热情。三是组织学校举办青年识字班和妇女夜校。教材多为地下党组织编印或传抄，内容有宣传党的抗日主张、阶级斗争教育、反对封建迷信和封建婚姻、妇女自由解放等。青年识字班和妇女夜校既是抗日阵地，又是党组织联系群众的纽带，对发动群众开展抗日救亡运动和培养建党对象起了很好的作用。四是组织募捐队，到圩镇及农村募钱、募军鞋，组织读夜校的妇女做军鞋，发动学生送画片。画片以前方将士英勇杀敌，后方人民加紧生产、节衣缩食、全力支前为主要内容，并将画片寄送前方鼓舞前方抗日将士等。

在开展抗日救亡活动中，新铺成立了义勇队、御侮救亡会等，并组织壮丁队，举行受训壮丁演习等。镇南中学出版《镇中校刊》，转载和发表宣传抗日的文章。1938 年 7 月，在中共梅县中心县委指导下，蕉岭新铺等地就读梅县东山中学的共产党员林连宗、林珍凤等人利用暑假时间，串联梅州中学、乐育中学的新铺籍同学，组织"回乡抗日救亡工作团"，在家乡开展抗日救亡宣传活动。他们串联发动了镇南中学及附小的陈义章、陈忠权、陈凡胜、陈晋火、林曲发等教职员共 20 多人，积极开展抗日救亡运动。他们通过演白话剧、唱抗日歌曲，宣传发动群众。他们曾到镇南中学，新铺油坑、矮车、长江、尖坑、南山、福岭等村庄及三圳、蕉城等地演出，得到各界人士的欢迎和支持。他们在西岭小学组织了晨呼队，每天早晨天亮时，师生整队跑步到新铺圩街头，高呼"打倒日本帝国主义！"等口号，歌唱《义勇军进行曲》《枪口对外》等抗日歌曲。他们还编写了"月光光，耀耀光，拿起

刀，拿起枪，杀日本，保家乡"等儿歌，在少年儿童中教唱。他
们还在新铺圩街上设立了一间流通书报社，书籍主要靠同学们捐
赠，也集资购买了一部分，有《政治经济学》《大众哲学》《矛盾
论》《实践论》《论持久战》等200余册。前来阅读的人络绎不绝，
常把流通书报社挤得水泄不通。

蕉城的抗日救亡运动主要以蕉岭中学为中心，中共蕉岭中学
支部是领导师生开展抗日救亡活动的核心，他们创办校刊，宣传
抗日救亡思想，成立了战时乡村服务团等。

蕉岭中学在出版《蕉中校刊》的同时，还出版了《蕉中学生》
《蕉中青年》《新蕉岭》等刊物。这些刊物除发表宣传抗日救国的
文章外，还发表批驳错误主张、抨击消极抗日的文章。1938年出
版的《新蕉岭》在其创刊号上发表文章，认为应加强蕉岭民众抗
敌后援会的力量；指出原会中人选多是县中名绅，他们不是公务
冗繁，就是家务太重，根本无法对民抗会负责，也不能接近民众，
所以必须改组民抗会，吸收先进的青年分子。这些刊物还登载了
大量抗日救亡运动的新闻、消息。

1938年5月，蕉岭中学高中学生成立战时乡村服务团，全校
高中学生分成两队，下乡开展抗日救亡工作。一队负责文福、广
福、蓝坊、高思、南礤、北礤等乡，二队负责招福、新铺、徐溪、
兴福等乡。每队分宣传、训练、组织三项工作开展活动。此后，
蕉中战时乡村服务团多次利用寒暑假，分队出发到乡村举行抗敌
自卫、兵役、锄奸讨汪和一元献金等宣传活动。形式有口头、标
语、画报、街头剧、戏台剧、歌咏、设立时事简报站等。1938年

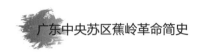

11月，蕉岭中学战时服务团自动组织100人的特务中队，内分大刀队、步枪队、步哨队、运输队等，聘请军事人员进行训练，还组织全校师生员工千余人，从蕉中出发到新铺做集体行军演习。

蕉中战时乡村服务团成立后，积极向团员灌输抗战常识。以班为单位，定每周星期四下午为训练时间，以涂某某编著的《游击战术的研究》一书为补充教材。为激发学生抗战情绪，认识抗战意义，培养研究兴趣，全校分高中部、初中二、三年级和初中一年级3个组举行抗战论文比赛及时事常识测验。

为支援前方抗战，蕉中战时乡村服务团多次开展募捐活动。发动各团员捐制"慰劳袋"共250只，每袋内装面巾1条，万金油、八卦丹各1包，于11月5日交邮局寄给前方将士使用。女团员则全体出发向外募捐，将募捐款购买棉布，分由各女团员裁制，共缝成棉衣20件，亦邮寄前方。此后，蕉中战时乡村服务团还举行抗战义演、义赛、义卖等活动，将所得款项缴交蕉岭义卖献金筹备会转汇前方；组织金狮团，到城乡为各界舞演参拜，共筹款2万余元，赈济救灾，慰劳湘北抗战将士。

在抗战初期，国民党蕉岭县党部、县政府，也开展过一些抗日救亡工作。1937年下半年，成立了抗敌后援会。1938年3月12日，为唤起民众、增强长期抗战之效能起见，国民党县党部、县民众抗敌后援会共同召开蕉岭县反侵略运动大会，会后举行示威游行。3月18日，召开了三一八惨案纪念会，散发了三一八惨案是日本帝国主义者造成的，继承三一八死难同胞的精神，"打倒日本帝国主义""抗战到底""中华民族解放万岁"等宣传单。

1939 年 4 月，在蕉城、新铺、三圳等地举行义卖献金运动，将所得款 8525 元支援前方抗战。

1938 年 7 月 5 日，6 架日本飞机轰炸蕉岭，在镇山楼等地共投下十余枚炸弹，炸毁了关帝庙和平民医院楼房一角，炸伤 1 人，炸死 1 头水牛。目睹日本帝国主义的罪恶行径，蕉岭人民无不义愤填膺，更加激发了坚持抗战的决心和热情。1941 年 4 月 24 日，蕉岭籍抗日英雄谢晋元在上海被日伪收买的叛兵杀害。噩耗传来，蕉岭全县各界人士集会举行隆重的追悼大会。1941 年 12 月，蕉岭各界为驻军第十挺进队筹募寒衣一批，募集国币 3000 元。中共蕉岭县地方组织在领导这场运动时，一方面，积极宣传党的方针、政策及一系列革命理论，极大地提高了广大人民群众的觉悟，其中不少先进人物奔赴抗日前线。当时松源区送了陈增棣、何振庭、郭鼎英等 6 人参加新四军，一部分同志参加了东江纵队。新铺回乡抗日工作团的林连宗、林珍凤等人，则奔赴抗日圣地延安。另一方面，在抗日救亡运动中，党组织大力发动群众搞好生产，募钱、募物，支援前线。各地纷纷组织募捐队到城乡募捐，做到有钱出钱，有力出力。募捐所得，均输送前方慰劳抗日将士。

二、东区服务队在文福的活动

中国共产党抗日民族统一战线的主张，得到全国各阶层民众的拥护和支持，全国各地以至海外青年、爱国人士，大批涌向延安，接受党的教育，投身于伟大的民族解放事业。爱国民主人士丘琮（抗日志士丘逢甲之子，同盟会会员、中山大学工学院教授），为了寻求抗日救国的真理，受中国共产党抗日民族统一战线政策的感召，于1938年春到延安考察。在延安，他先后拜见了毛泽东、周恩来、林伯渠、张闻天等中央领导，访问了陕甘宁边区各级人民政府和群众团体，表达他对中国共产党积极抗日的敬意，表示愿同从延安学习结业后返回广东工作的青年合作，开展抗日救亡活动，争取抗战最后胜利，得到毛泽东主席等中央领导人的赞许。在延安，他经常到抗日军政大学和陕北公学听课，倾听中央领导同志做报告，经常深入广东、福建籍学员中座谈，希望他们学习完后回广东，和他一道发动群众，进行抗日。在延安3个月的耳闻目睹，使丘琮认识到中国共产党的抗日是真诚的，主张是正确的，做法是可行的。中国只有走延安的道路，实行全民动员，才能救中国于危难之中，救民于水深火热之中。同时也使他认识到青年是抗日的先锋，中国各地的青年，只有像延安青年那样，到工农群众中去，把工农大众动员起来、组织起来，才能取得抗战的最后胜利。

1938年夏初，丘琮从延安回到广东，被任命为国民党第十二集团军总司令部少将参议。在八路军驻广州办事处的支持下，与"陕公""抗大"学习结业回到广州的杜声闻、林启舟、丘继英、魏凡（魏良俊）、卓扬（卓伦）、蔡伟青（蔡子培）、关其清、黄炳辉、邓云龙（邓惠）、肖道藩（肖炯）等人筹建抗日救亡团体，请求国民党当局同意。因国民党对丘琮有怀疑，他迟迟未得到具体答复。1938年10月中旬，日军迫近广州，丘琮通过他的朋友、国民党第十二集团军总司令部参谋处长、爱国将领赵一肩的帮助，得到该司令部的2000元作为经费，同意他组织抗日团体。这时，陶祖梅、肖昭声、丘时婉等人也参加了这个组织。这个组织的初期成员共有13人，其中中共党员7人。10月21日早晨（广州沦陷前一天），他们撤离广州，绕道三水、四会、英德、翁源、连平、龙川，步行1000公里，于11月中旬到达梅县。在梅县经过讨论，决定正式成立东区服务队，作为"广东民众抗日自卫团统率委员会"下属的一个组织，队长由丘琮担任。其建队宗旨是"动员民众，同起抗战"。围绕这个宗旨，制定了队旗、队徽、队歌，刻制了大印，制订了工作计划。在梅县东区服务队里的中共党员与当地党组织取得联系。在中共梅县中心县委的领导下，成立了中共东区服务队支部，卓扬为支部书记，并吸收了丘继英、陶祖梅入党。队里另有一个"民主建国社"，是东区服务队的核心组织，丘琮为社长，队员都是社员。

1938年12月上旬，丘琮率领东区服务队开赴蕉岭，在他的家乡文福乡举办自卫组织干部训练班，培养抗日骨干。按照丘琮的计划，要把文福作为抗日根据地进行活动，使之成为群众抗日示范地区。这时，中共梅县中心县委派出古关贤（古奇，蕉岭地下党员）到东区服务队，稍后，由他担任中共东区服务队支部书记。后来，中共梅县中心县委又派出党员陈载盘（陈奋光）、李赞淼、熊振国等到东区服务队举办的干训班学习，并成立中共学

生支部，书记陈载盘，以加强党对干训班学员的领导。干训班设在文福创兆学校，以丘琼为班主任，林启舟为教务主任，卓扬为训育主任，杜声闻为事务主任。干训班原计划吸收当地知识青年100名，后来中共梅县中心县委动员了东山中学准备北上延安的6名青年前来学习，梅县、五华、大埔等地的党组织也介绍了一批青抗会、学抗会会员前来学习，使干训班学员增加到140人左右。

学员分高级班（初中毕业程度）、初级班（小学毕业程度）进行训练，时间1个月，内容和方法基本上参照延安抗大与陕北公学的一套。政治课程有政治经济学、哲学、抗日民族统一战线、抗日游击战术、抗日群众运动、中国革命问题、三民主义等，采取讲课与小组讨论相结合的学习方法，不断提高学员的政治思想水平。军事课程运用毛泽东"敌进我退，敌驻我扰，敌疲我打，敌退我追"和"诱敌深入，各个击破"的作战方针，进行了"伏击行动之敌""拂晓袭击敌寨""黄昏退却"3次军事演习，使学员深刻、生动地学习和掌握灵活机动的战略战术思想。另外，还开办了1个研究班，吸收当地小学教师及高中毕业程度的青年加强小组学习和讨论。训练班充满着热烈、严肃、紧张、活泼的战斗氛围。墙壁上写着"扩大和巩固抗日民族统一战线""争取抗战胜利"等标语。每天除正规学习时间外，干训班早晚还进行操练、唱歌、写文章、出墙报，进行班组自治活动。每周举行一次球类和文艺比赛，星期天下乡宣传发动群众。课余文艺活动十分活跃，到处都是抗战歌声。还发动妇女做布鞋900多双，交战区转送前方，鼓舞前方将士的斗志。干训班结束后，除个别学员被吸收参加东区服务队工作及外调外，大多数学员组成 8 个分队，深入文福各个自然村，发动群众，建立夜校、武术馆等，成立青抗会、妇抗会，组织青年、妇女学政治、学文化，教唱抗日歌曲。东区服务队队员每晚都下到村里，轮流辅导，跟当地群众建立了密切的关系。有一段时间，整个文福乡白天生产热火朝天，晚上学习灯火通明。据当时统计，文福全乡共办妇女夜校 49 间，其中已填表、有名单、有负责人的 40 间，学员 1171 人。

东区服务队在文福期间，还利用"一·二八"十九路军抗日纪念会和三八妇女节的庆祝活动，邀请各学校师生、工农群众和有关人士参加；起草告民众书，印发宣传资料，舞狮演戏，扩大抗日救亡运动的影响。

东区服务队在蕉岭的活动，遭到国民党反动派不遗余力的造谣攻击，说什么"文福乡被共产党赤化了"等。1939 年 9 月，东区服务队被迫结束文福乡的工作，撤离文福。1939 年 10 月，东区服务队开赴潮汕前线，在华振中独九旅部开展抗日救亡工作。

第二节　蕉岭地方党组织的重建与发展

在土地革命战争后期，中共蕉城、新铺区委北撤寻乌后，蕉岭的党组织基本停止活动。全面抗战爆发前夕，迅速发展的抗日救亡运动，为蕉岭周边地区党组织的重建提供了契机。中共梅县工委组织部部长陈仲平在松源、松口、隆文一带建立党组织时，把当时住在南礤的王维（王耀秀）吸收为党员。王维入党后，王进秀、王昌贞、王春彬等先后入党，发展建立了田心村党支部（田心村为南礤辖区）。

1937 年 7 月底，蕉岭南礤、北礤到松源工作、读书的郭鼎英（小学教员）、肖炳城在从事抗日救亡工作中加入了党组织。中共组织在蕉岭东北部得到重建并恢复了活动。

1938 年 2 月，根据中共闽粤赣边省委的决定，成立了中共梅县中心县委，书记伍洪祥（后李碧山），组织部部长吴国桢、宣传部部长黄芸。中共梅县中心县委辖梅县、蕉岭、大埔、兴宁、武平等县的党组织。

1938 年 3 月 15 日，中共中央作出关于大量发展党员的决定。中共闽西南潮梅特委要求梅属党组织在红五月中发展党员 1000

名。此间，蕉岭北礤的郭建康、郭荣荫（郭履洁）、郭桂森、梁金华，南礤的廖盛富等人加入了中国共产党，编入六甲中学学生支部。这一时期，全县发展党员25人。

1938年7月，在中共梅县中心县委的指导下，蕉岭新铺就读梅县东山中学的共产党员林连宗、林珍凤等人，利用暑假组织新铺回乡抗日工作团，开展抗日救亡活动；同时把思想进步、工作积极的优秀分子陈忠权、陈凡胜、陈翠英、陈晋火、林曲发等秘密吸收为共产党员。并建立了中共新铺支部，林连宗任支部书记。

1939年春，中共梅县中心县委派黎邦到蕉岭新铺，负责成立中共新铺区委。新铺当时有两个党支部：一个是福岭支部，书记陈忠权，党员有陈晋恭、陈晋健、陈城胜、肖德成、杨益三、杨涛、蔡国豪；另一个是矮车支部，书记邓克松，党员有赖官烈、侯巧如、黎剑等。黎邦到新铺后，很快便成立了中共新铺区委，区委书记黎邦，委员有谢双庆、李剑文、古关贤。

中共党组织在蕉岭不断发展壮大。在抗战期间，蕉岭东北部有田心村党支部，南部有新铺区委，徐溪还有中共党员何维和等，是单线联系的。中共蕉岭中学党支部有党员刘兴俊等，蕉城有中共党员理发工人戴添松，都是由古关贤负责联系的。同时，黎邦还受中共梅县中心县委委派，指导文福东区服务队党组织的工作。至此，中共蕉岭地方组织又进入兴旺时期，全县党员发展到40多人。中共松源区委（包括南北礤）有党员八九十人。

1939年1月召开的国民党五届五中全会，着重讨论的是对付共产党的问题，制定了"溶共、防共、限共、反共"的反动方针，

成立了反共的"特别委员会"，制定和秘密颁发了《防制异党活动办法》《共党问题处置办法》《沦陷区防范共党活动办法》等一系列反共文件，积极推行反共反人民的政策。

1939 年冬以后，潮梅形势急剧逆转。国民党广东省党部下令取缔青抗会、学抗会等抗日团体，在学校驱逐、解聘进步教师，强迫教员、学生参加国民党、三青团等组织，强化法西斯特务统治。蕉岭县的国民党反动派也加紧攻击共产党领导的抗日力量。他们解散了蕉岭青抗会及各学校的学生自治组织，不准学生在校内讨论时事，派人监视新铺回乡抗日工作团。为保证党内同志的安全，中共梅县中心县委决定疏散转移工作团。林连宗、林珍琪、林珍达等北上延安，林珍凤、陈翠英等到梅县南口。

中共中央正确地分析了抗日战争相持阶段到来后的复杂形势，提出了"坚持抗战，反对投降；坚持团结，反对分裂；坚持进步，反对倒退"三大政治口号，动员全党和全国人民为克服国民党的反共投降逆流、争取时局好转而斗争。同时，党中央还确定了在国民党统治区采取长期埋伏和积蓄力量的方针。中共闽粤赣省委也及时发出了《关于目前形势特点报告大纲》，指示各地党组织为"应付目前之急需，适应将来之要求"，应"建立和巩固战斗堡垒，彻底转变工作方式，将全党组织隐入地下，健全改善各级领导"，决定"整顿党组织，长期埋伏，蓄力待机，打进管养教卫"。

1939 年 11 月初，中共闽西南潮梅特委在南礤田心村召开第六次执委扩大会议，中心内容是讨论、贯彻中共中央关于抗日战争是持久战和在国统区进行"隐蔽精干，长期埋伏，积蓄力量，等待时机"的工作方针，部署整党、审干，转变组织形式和工作作风，撤退暴露了的党员干部，准备应付突发事变。扩大会议后，中共梅县中心县委在梅城城关召开党代表会议，传达贯彻特委第六次扩大会精神，部署整党工作和做好应付突发事变的准备。中共新铺区委书记黎邦出席了会议。

1940 年春，中共梅县中心县委决定撤销中共新铺区委，将一些已暴露或有危险的领导干部撤离一线，作异地调换。区委书记黎邦被派往广西桂林工作，区委委员古关贤到丰顺八乡山开展地下活动。撤销中共矮车支部和中共蕉岭中学支部，只保留中共福岭支部（书记陈忠权）；将一批学校中的党员和进步分子输送到新四军和东江纵队等处，留下来的党员归属中共福岭支部领导。

1941 年 1 月，以方方为书记的中共南方工作委员会（简称南委）成立，隶属于中共中央南方局，机关初驻梅县，后移驻大埔县，统一领导中共粤北省委、粤南省委、江西省委、广西省工委、琼崖特委、湘南特委、潮梅临时特委（后改潮梅特委）、闽西特委、闽南特委、大埔县委和后来成立的闽粤边委。12 月，撤销中共梅县中心县委，分设中共梅县县委和中共兴宁县工委。中共蕉岭福岭支部隶属梅县县委领导。

1941 年 1 月，国民党顽固派制造了震惊中外的皖南事变，同时在全国各地加紧压迫进步力量。潮梅党组织在南委领导下，发动各地组织开展宣传攻势，广泛散发中共中央军委和八路军、新四军领导人发表的《朱、彭、叶、项通电》《中共中央军委命令》等文件，揭露顽固派制造皖南事变的罪行。5 月 8 日中共中央下

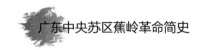

达《关于大后方党组织工作指示》，在领导体制、组织形式和活动方式上作重大的改变。稍后，潮梅党组织根据南委的通知，从特委到县委、区委一律由集体领导的党委负责制改为个人负责的特派员制，领导机关灵活精干，不设书记、组织、宣传等职务，只由特派员个别联系。各级领导到基层，一律采取单线联系，个别接头。规定党内不召开会议，只准上级找下级，下级不能找上级。

党员转移时不转移党的关系，强调党员独立活动，严格执行保密制度和秘密工作纪律，加强马列主义和政治理论学习，做好本职工作，深入社会，深入群众，加强调查研究，提高思想政治水平和领导艺术，从而更有效地保证了隐蔽精干方针的贯彻执行。同时，根据前段转化工作已经打下良好基础的实际情况，潮梅党组织深入贯彻"发展进步势力，争取中间势力，孤立顽固势力"的方针，发展新区、新部门的工作。梅县党组织向蕉岭、平远、江西寻乌等县委派送党员去教书，扩大阵地。梅县党员李仲先到蕉岭油坑丰乐公学任教。在丰乐公学，他结识、教育、影响钟化雨等人，使他们走上革命的道路。这些边陲地区的扩展，对以后恢复武装斗争发挥了重大的作用。

1942年6月，原南委组织部部长郭潜叛变，南委遭受严重破坏，史称"南委事件"。当时住在梅县分管梅县党务工作的潮梅特派员林美南，得悉"南委事件"发生后，为了防备万一，作了必要的部署：一是撤退干部，将中共梅县县委特派员王致远调往潮澄饶地区，后转移至惠阳；二是停止组织活动。林美南在"南委事件"发生后不久，向中共梅县县委副特派员谢毕真传达中共潮梅特委"党组织停止活动三个月"的决定后，又指示谢毕真：凡有色彩的学校党员，在假期中进行撤退转移，允许党员利用社会关系自我寻找职业，到安全的地方去。9月24日，林美南又向谢毕真传达"解散组织"的决定。他指出："南委受破坏后，敌人绝不会就此罢休，形势要从坏的方面估计，要防止党的地方组织受破坏。"组织解散后，要求党员执行"隐蔽精干，长期埋伏，积蓄力量，等待时机"的方针。根据中共梅县县委的指示，中共蕉岭组织解散，暂停活动，疏散党员，执行勤业、勤学、勤交友的"三勤"①政策。党组织停止活动后，革命斗争进入最艰苦的岁月。

为了加强联系，组织不因停止活动而涣散，党组织设立了联络员和观察员，安排了党组织的联系骨干。农村党员各自隐蔽在家乡执行"三勤"政策，骨干则各自寻找合适职业做掩护。隶属中共松源区委的党员郭履洁等人到蕉岭中学读书，郭建康以在北礤做生意为掩护，执行"三勤"政策。蕉岭党组织在暂时停止活动，党员实行"三勤"期间，状态正如中央指出的"只有党员而无组织形式，改变党组织形式，绝不是取消党，党员不作突出活动并非取消工作"。

---

① 勤业是做好本职业务工作，以求立足生根；勤学即加强学习，提高本身政治水平；勤交友是广交朋友，扩大和密切群众联系与积蓄力量。

第四章
解放战争时期

第一节　抗战胜利后的形势
与杭武蕉梅边的斗争

一、抗战胜利后梅州的形势

1945 年 8 月 15 日，日本帝国主义宣布无条件投降，中国人民经过多年艰苦卓绝的全民族抗战，取得了胜利。

抗战胜利后梅州党组织和人民武装仍然面对严峻的形势。梅州地区的国民党统治力量占绝对优势，他们依仗军事上的绝对优势，肆意发动反共内战，企图一举消灭梅州地区的共产党组织和人民武装。

但是，梅州地区的共产党和人民武装，经过多年全民族抗战艰苦曲折的锻炼和考验，党的领导干部和广大党员在政治上日益成熟，有在各种复杂环境中独立坚持斗争的经验，又有与地方人民群众保持着血肉联系。梅州人民在全民族抗战期间，饱受深重的灾难，和全国人民一样，盼望有一个和平安定的环境，进行休养生息。然而，在战后的梅州，国民党统治当局不但原封不动地保留着战前的一切压迫、剥削制度，而且变本加厉强化法西斯特

务统治。这就必然引发梅州人民的革命运动。所有这些，为梅州人民革命斗争的坚持和最后胜利提供了可靠的保证。

面对梅州国共两党严酷的斗争形势，摆在梅州地区共产党组织面前的首要任务，是争取和平民主与保存武装、保存干部，并经受国民党长期黑暗统治的严峻考验，等待有利时机，迎接后来的发展。

梅州党组织遵照中共中央和广东区委关于城市工作的指示，继续恢复发展城乡党组织，并积极开展城市的爱国民主运动。蕉岭县在中共梅县工委的领导下，以进步师生为骨干在蕉城等地开展了爱国民主、要和平、反内战、反独裁的运动。

二、韩纵一支队在杭蕉梅边的活动与自卫斗争

抗战胜利后，活跃在闽粤赣边的队伍有王涛支队和韩纵一支队。1945 年 8 月下旬，国民党福建当局明目张胆地在全省设立 5个"绥靖区"，配备了 5 个保安团，加上各县保警队、民众自卫队等地方反动武装。福建当局指挥闽保三团和各县地方反动武装，重点"清剿"龙岩、永定、上杭、武平、蕉岭、梅县边的王涛支队和韩纵一支队。10 月下旬，国民党广州行辕主任张发奎在广州召开"绥靖会议"，部署反共军事计划。广东第六行政区保安司令部（驻兴宁）根据张发奎的部署，多次召集兴梅各县军警会议，

策划对人民武装的进攻。

1945年8月9日，中共中央发出《关于闽粤赣边工作方针与部署的指示》，指出：国民党正准备大规模内战，现时许多地区已经打响。全面打响的危机日益严重，尤其是华南，更为国民党首先争夺之地。而闽粤赣边是将来内战敌我必争的战略要地，国民党的围攻将是长期的。11月4日，中共中央又转发《方方同志关于闽粤赣边工作的意见》，指出目前采取分散活动，以班排为单位，配合做群众工作，恢复老据点，保护群众利益，避免打仗，特别是避免打较大而没有把握的仗。

国民党广东、福建当局于1946年1月在梅县召开联席会议，决定在闽粤边成立第一、第二联防指挥所，划梅县、蕉岭、平远、武平、上杭为第一联防区，指挥所设在松源，并成立300人的自卫队。会议还制定了半年"清剿"计划。国民党广东第六行政区为落实两省联防计划，成立了梅蕉武埔指挥部，以黄承典为主任，调集梅县自卫大队两个中队、后备第二大队一个中队、蕉岭后备队两个中队，以及梅县"清剿"指挥所特务一个排，布防于蕉岭南磜、北磜、高思一线；在闽粤两省边界地区形成了反共包围圈。

1946年1月下旬，李碧山通过电台将敌情向中央请示汇报。2月，周恩来电请中央转告闽粤边区："闽粤赣应起而自卫，彼方既不接受停战约束，我即应以游击自卫战保护群众利益，并保我干部。"①

---

① 中共蕉岭县委党史研究室编：《蕉岭人民革命史》，内部资料，1997年，第117页。

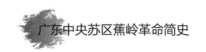

1945年9月上旬，韩纵一支队奉命开赴杭武蕉梅地区，在梅县松源与福建永定县交界的王寿山，与闽西王涛支队第二大队会合，准备共同开辟杭武蕉梅地区，建立隐蔽的活动据点。

9月11日，由闽西特委副书记兼王涛支队政治部主任陈卜人和韩纵一支队副支队长邹子昭带领一个小分队，到松源活动。

在当时属蕉岭南礤的田心村鹞子顶山上，小分队遭到国民党梅县自卫队驻松源中队的包围。

在遭受敌人突然袭击的情况下，小分队领导临危不惧，指挥战士们登上山头，顽强反击。

由于敌人占据了较高的山头，小分队十分被动。战斗从上午9时一直打到下午4时，虽然敌人始终未能前进一步，但小分队中陈卜人、陈威、巫俊程3人不幸壮烈牺牲。

鹞子顶战斗后，国民党军队急速调动兵力，闽保三团到达上杭中都，邻近数县自卫队也向闽粤边靠拢，形成对王寿山革命武装驻地的包围态势。

二大队和一支队决定避敌锋芒，撤出王寿山向永定县境转移，到福建永定的窑前甲背大山休整。

中共闽粤边委派魏金水、刘永生前来慰问并商谈战后工作，征得一支队领导的同意，将一支队与二大队混合编为两个大队：卜人大队为纪念鹞子顶战斗中牺牲的闽西特委副书记陈卜人而命名为卜人大队；作球大队为纪念中共龙岩县委书记吴作球而命名作球大队。

卜人大队担负开辟杭武蕉梅地区的任务，作球大队到龙岩活动。到年底，两个大队又各归建制，恢复一支队和二大队番号，一支队仍担负在杭武蕉梅地区开辟建立据点的任务。

此后，一支队先后进驻武平岗背和蕉岭北礤桂竹园等地开辟据点。

1945 年 12 月，一支队袭击了蕉岭南礤的国民党副军长黄延桢家，缴获驳壳枪 7 支，左轮手枪 1 支，黄金 40 多两，美钞 990 多元及其他物资一批，缓解了部队和党组织活动经费不足的困难。

1946 年年初，一支队由北礤桂竹园转移到武平象洞的岗背村（光采村），驻在铁钉嶂山麓的深凹。

2 月 1 日（农历大年三十），敌福建省保三团和武平县自卫大队共 600 多人，分路夹击驻在铁钉嶂的一支队。

敌人凭借优势兵力，向一支队发起了猛烈的进攻。由于敌我力量悬殊，而且地形又对一支队不利，一支队边打边撤，经北礤水涨田撤到岳古潭，摆脱了敌人后至戴田。

接头户郭天祥等煮菜粥给队伍"过年"，饭后即派姚丁等星夜至茅礤峰联系失散人员。这场战斗毙伤敌十多人，一支队负责掩护的班长曾友深、王宽添、战士阿济、郭阿活 4 人英勇牺牲，丘苏负伤，损失驳壳枪 1 支和现款 100 多万元。

当晚，敌人驻扎在北礤新村，抢群众的年货，并把王宽添、阿济的头颅挂在村口的树上，恐吓群众。

第二天，敌人又挑着王宽添、阿济的头颅到老龙坑和桂竹园等村，叫人认领，搞得村民惶恐不安。

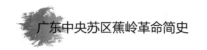

三、中共杭武蕉梅边县委的建立及其在蕉岭的活动

1946 年 2 月，李碧山主持召开中共粤赣中心县委扩大会议，根据抗战胜利后的形势，决定撤销中共梅蕉武埔县工委[①]，分别成立中共杭武蕉梅边县委和埔北区委会。中共杭武蕉梅边县委由王立朝、王志安、谢毕真、王振先、谌学钦等人组成，王立朝为书记，县委机关设在南礤的田心和松源的满田等地。王振先任韩纵一支队队长，王立朝兼任政委，谌学钦任副支队长。

根据中共闽粤赣中心县委的指示和部署，中共杭武蕉梅边县委积极开展分散发展、恢复老据点、开辟新据点的工作。随后，一支队组成若干个武工队，在蕉岭的南礤、北礤，梅县的松源、嵩山、白渡、隆文、悦来一带山区开展工作。松源武工队在火烧坑遭国民党隆文自卫队袭击，武工队毙敌 1 人，缴枪 1 支，一支队队长王振先负伤。接着，活动在白渡的梅屏武工队又在低沙、冯屋遭敌袭击，1 名武工队员和 1 名驻地进步青年被捕，武工队在梅县境内的活动处境困难。

1946 年 4 月，中共杭武蕉梅边县委为了开展蕉岭的工作，派王志安、黄青、陈育权等前往蕉岭，开辟三圳、油坑一带新的秘密据点。王志安等人进入蕉岭后，秘密找到进步青年钟化雨了解情况。同年冬，钟化雨与杨扬、陈学、姚安、陈新军等参加了梅县梅南武工队，后因活动经费困难等问题，武工队撤销了。钟化

[①] 中共梅蕉武埔县工委成立于 1945 年 11 月，负责人有王立朝、胡伟、张克昌。

雨又转到韩纵一支队。一支队分散活动时，钟化雨被安排在北礤武工队。1946年，王志安介绍吸收钟化雨入党，钟文聪、刘雨舟、钟逢甲3人也先后加入了党组织，在徐溪福头村钟雪芦家里举行入党宣誓，由王志安主持宣誓仪式。以后又吸收钟壬盛入党，并成立了党支部，负责人为钟化雨。蕉岭党组织建立后，在王志安等指导下为打通三圳、蕉城、文福到福建岩前的交通线，经请示上级党委同意，决定在蕉城西门开设一间商店，以便更好地开展党的地下工作，也作为与各方面联系的一个据点。商定由黄青充当老板，请两名进步青年做店员，主要经营粮食、油料等。经费由隆文党组织向岗上进步人士李权章募捐50万元，由钟化雨到隆文李振龙手中交接。

1944年秋，郭履洁被聘任为北礤中心小学教育主任。1945年春，他又被聘任为石寨中心小学校长。他利用给学生上公民课的机会，宣传民族英雄，鞭挞汉奸，树立学生的爱国精神和正义感。1945年8月，日本帝国主义无条件投降的消息传到北礤山区后，郭履洁等地下党员组织学生和社会青年，举行了一次有数百人参加、声势浩大的火炬游行，欢庆抗战胜利。1946年春，党组织交给郭履洁一个特殊任务，要他安排一个原新四军战士陈兴军到学校教书。郭履洁等克服重重困难和阻力，把陈兴军安排进校。韩纵一支队队长王振先在松源火烧坑突围时受了重伤，党组织决定由郭履洁设法将伤员送至松口蔡伯诚诊所医治。事后，郭履洁被敌逮捕。郭履洁以三青团的"面目"和校长的身份，蒙骗过敌人，不久即被释放。1946年12月，党组织派人通知郭履洁，松源的温广基处境危险，急需撤退。在郭履洁的帮助下，温广基安全转移。

1946年秋，游击队张亚楠、王延秀叛变。11月27日清晨，国民党松源驻军广东省保安团黄振发中队，到石寨圩店中抓走郭建康等3人并搜查了郭建康的家，幸而文信、衣物等已转移（藏在黄草崀大山，后被山火焚毁），未被搜获。当晚，郭建康等被押解至松源。郭在狱中坚持了共产党员的气节，未泄露任何秘密。同年12月3日郭建康被具保释放。郭建康出狱后，一如既往，继续完成党交给的各项任务。

1946年6月上旬，原中共梅县中心县委书记王维，在参加延安整风并出席中共七大会议后，根据中共中央的决定，经香港回到闽粤赣边，向中共闽粤赣中心县委书记李碧山和闽粤边的领导人传达了中共七大会议精神及延安整风的内容，同时传达了中共广东区党委关于华南局势与党的斗争方针、策略和任务的指示。7月，中共闽粤赣中心县委在梅县三乡大横坑召开中心县委扩大会议。会议根据七大精神和中共广东区党委的指示，讨论和部署了梅州地区党组织及韩江纵队的工作。会议决定一支队和长胜支队实行分散隐蔽；调整了中心县委领导机关，由张全福接任中心县委书记，梁集祥任组织部部长，王维任宣传部部长。李碧山经党中央批准去越南。

1946年11月，中共闽粤赣中心县委改名为中共梅埔地委，张全福任特派员，何献群任副特派员。地委抽调一支队和九支队的骨干成立了地委特务队，队长为程严。中共杭武蕉梅边县委书记王立朝调地委特务队任政委。谢毕真率领一个由姚丁、钟雄、曾万生等人组成的武装工作队，坚持在杭武蕉梅边的北磜上九、松源湾溪和桃尧塔子里、李子坪一带活动。

梅埔地委特派员张全福指定王志安为蕉岭特派员，任务是以原有工作地区为基础，开展白区工作。王志安接受任务回到蕉岭后，立即召开蕉岭党组织会议，传达上级"南方长期黑暗，还要埋头苦干十年八年"的精神，贯彻"隐蔽精干，长期埋伏，积蓄力量，等待时机"的方针，部署党员寻找职业，分散隐蔽。钟化雨仍在丰乐公学以教书为职业掩护。钟文聪、钟逢甲、刘雨舟则分别到台湾、汕头等地寻找职业。其余的人由自己择点安置，隐蔽待机。

为打开局面，王志安找到地下党员钟逢甲的父亲钟雪芦。钟雪芦抗战后期一直在晋元中学从事教育工作，政治开明，思想开放，赞成中国共产党的政治主张，同情支持党的工作。王志安向钟雪芦公开身份，说明来意，钟雪芦表示支持王志安的工作，并将住在徐溪黄坑上村的亲戚曾祥霖介绍给王志安。王志安将上述情况向地委汇报后，得到张全福的同意，并给10万元金圆券作为做生意的本钱。同时，地委还决定让王的妻子刘露辉一起前往，作为助手。

1947年春节刚过，王志安化名陈逸华，刘露辉改姓丘，来到黄坑后，租用曾祥霖的一间客栈，请来一个老实人做师傅，酿酒、做豆腐，很快就开张营业。王志安在黄坑期间经常深入群众了解社情民意，与群众结下了深厚的感情，并从中发现和培养了当地

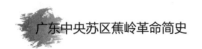

一批入党积极分子，后来发展了张志姚、黄庚、张清等一批共产党员。在王志安夫妇的教育影响下，不少黄坑村民同情革命、支持革命，先后有张泉、张清等7人参加了游击队。1947年8月，根据中共粤东地委的指示，王志安夫妇离开黄坑，回到中共杭武蕉梅边县委担任领导工作。与此同时，郭履洁、郭建康等在北礤隐蔽，以北礤中心小学为阵地，建立党的地下联络站。

第二节 中共杭武蕉梅边县委的重建
与游击队的组建

一、中共杭武蕉梅边县委的重建

1946 年冬至 1947 年春，解放战争形势已经迅速朝着有利于解放区军民的方向发展。在国民党统治区的南方各省农村出现了有利于发动敌后游击战争的新形势，在潮汕及梅州地区没有国民党正规军。留在闽粤两省的国民党军队，平时只能驻防大中城市、县城主要交通要道，对广大乡村难于顾及，为两省的地方共产党组织在农村发动领导人民游击战争创造了有利时机。南方各省共产党组织抓住这一有利时机，积极开展解放活动。

1947 年 5 月上旬，闽粤边区工委在大埔埔北召开工委扩大会议，魏金水传达了中共中央 3 月 18 日发出的《关于在蒋管区发动农民武装斗争问题的指示》，并做了《关于形势与任务问题》的传达报告；同时在会上宣布"先粤东后闽西南"的游击战争方针，已经得到香港分局的同意，并获得中共中央的批准。

1947 年 5 月，中共粤东地委组织部部长陈仲平来到上杭、武

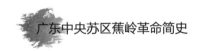
平、蕉岭交界的北礤东洋山，召集会议，给杭武蕉梅武工队和闽西西路挺进队传达闽粤赣边区工委的指示和粤东地委的决定："立即建立队伍，开展游击战争，以粤东为主要出击方向，普遍小搞，准备大搞。"同时宣布重建中共杭武蕉梅边县委，谢毕真任书记，王志安、谢伦瓒、饶仁珊为委员。并成立边县游击队，由闽西西路挺进队和杭武蕉梅武工队合并组成，谢毕真任政委，谢伦瓒、饶仁珊分别担任正、副队长，队员有谢启发、钟雄、姚丁、曾万生、苏嘉善、丘阿荀、郭阿生、郭阿义、李福朋等人。其任务是放手发动群众，扩大武装，摧毁国民党武装政权，消灭敌人，开展反"三征"运动。

东洋山会议后，谢毕真、谢伦瓒、饶仁珊、谢启发等继续在东洋山研究工作，决定将边县委机关和边县游击队移驻北礤水涨田村。

水涨田村距离东洋山不足 2.5 千米，离武平的岗背 5 千米，与上杭的保安相隔 1.5 千米。该村与东洋山、多宝石、中畲、赖田、罗地、茅坪、岳古潭、黄葵塘、白坟坳等村相连，约有 100户人家，这些村经过王涛支队二大队和韩江纵队一支队的活动，打下了一定的群众基础，但水涨田村的放点工作却未全面开展。边县委和游击队决定移驻这里，主要是村子较大，容易解决给养，山形地势好，且又有两名地下党员和接头户，有条件成为机关和部队的基地。他们首先在村子北面天子崀山麓的背夫坑搭起山寮，然后与郭履洁和接头户何富香研究开展村里的工作。因郭履洁担任石寨中心小学校长，在当地有一定的社会地位，村民信任他，在他的协助下，工作得以顺利进行，在短短的几天内，边县委和部队就与全村群众见了面。从此，人人注意保密，许多群众积极帮助游击队采购物品，青年们踊跃参加游击队，水涨田村成为闽粤边远近知名的基点村。

中共杭武蕉梅边县委在水涨田村召开过多次会议，讨论和布置工作。县委派出工作组，分别到北礤的石寨、福建象洞、梅县松源和隆文等地，联系原杭武蕉梅地区的党员，逐步恢复组织活动；向党员传达形势和任务，要他们加紧活动，积极配合以武装斗争为中心的各项工作。工作组继续开辟各地山区基点，特别加强松源、桃源、松东上井到大埔坪沙长达100余千米的交通线，加强了同地委的交通联络。在水涨田村，中共杭武蕉梅边县委策划指挥惩处地方恶霸，筹粮筹款解决部队给养问题。1947年8月下旬，抓获象洞地方恶霸魏凌轩和松源何伟三，因两人作恶多端，民愤极大，边县游击队在出示布告公布罪状后，将两人分别处决于象洞和松源圩。此事震动很大，对敌直接起到了震慑作用，人民群众拍手称快。9月，县委委员王志安带领一批新入伍的战士黄庚、张志姚等，由徐溪黄坑出发，越过文福长岗岽，经大畲、将军地、曹地来到县委驻地水涨田。象洞、松源、隆文、桃源、南礤各地参军的青年不断来到驻地，编进队伍参加学习和训练。水涨田村也有郭建平等十余人先后入伍。边县游击队力量迅速扩大。

为了使多年疏散在外地执行"三勤"（勤业、勤学、勤交友）政策的党员回来参加武装斗争，边县委发出信件到江西寻乌、瑞

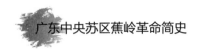

金，湖北汉阳，东江和海外的印尼等地，通知陈振厚、陈连亨、王进秀、陈秉链、王立俊、王立德、朱毅宏、李振龙等，要他们接信后立即回来向县委报到，接受任务。疏散在外地的党员，了解新形势和新任务之后，都克服种种困难，先后回来向县委报到。李振龙在印尼的巨港接信后，乘飞机到新加坡赶回来。与此同时，分散隐蔽在附近的钟化雨、钟文聪、刘雨舟、钟壬盛等，也先后回到边县委参加游击队。这些党员回来后，大大加强了部队的力量，有力推动了地方工作的开展。

二、边县游击队摧毁南磜、北磜乡公所

1947 年 6 月，闽粤赣边区工委领导机关从永定移驻大埔。这时，敌我形势又发生了新的变化，国民党"闽粤赣边清剿委员会"撤销；闽西保安第三总队调往闽北，闽西南地区只留保安第二总队驻防；粤东保安第七总队调往他处，梅州地区只有梅县警察大队和地方自卫队。以上客观形势有利于闽粤赣边区共产党组织发动和领导游击战争。

8 月 8 日，粤东地委在大埔县州瑞麻子坜村召开了地委执委第一次扩大会议，出席会议的有粤东地委、粤东支队和各县县委的领导。会议确定首次大规模出击的地点在梅埔丰边的大麻或三河，然后移师梅兴丰华和韩江河东，以牵制敌人可能对梅埔丰地

区的报复进攻，巩固梅埔丰，然后再考虑攻打蕉岭或松口。

1947 年 9 月 18 日，中共闽粤赣边区工委又发出《关于武装斗争方针至总队及各地委的信》，指出"客观形势的发展，要求我们的武装斗争，要比前一时期大胆一点，放手一点，普遍一点"；"实行小搞（包括肃反、袭击、埋伏、截击敌人），准备进行大搞，不放弃在不违反武装斗争原则和有利条件下，作某种程度的较大动作"；并提出了"加速准备力量，迎接大军南下，壮大人民武装，配合全国总反攻，推翻闽粤赣边国民党反动统治，解放闽粤赣边苦难人民"的口号。这封信，成了边区人民开展武装斗争的宣言书和进军令。

为了配合粤东地委开展重点武装斗争的部署，中共杭武蕉梅边县委决定，出击南磜、尧塘、桃源、松源、北磜等乡公所，并决定首仗打南磜乡公所。

南磜乡公所设在三溪口，有敌人驻军自卫队两个班。1947 年 11 月 15 日，边县游击队派出一支 29 人的队伍，趁黑夜从北磜水涨田出发到达离三溪口 5 千米的步上村，隐蔽在接头户郭耀昌家中。16 日拂晓前，部队到达三溪口东面山头隐蔽，长枪班在路旁高地埋伏，控制整个圩场，并往松源方向派出暗哨。当天是三溪口的圩日，上午 9 时，趁赶集群众人多时，饶仁珊、陈振厚、钟化雨、钟雄、张建新、刘雨舟 6 人组成突击队进入圩场。原计划由陈振厚以找同学王汉能乡长为借口，进入乡公所，迫使王汉能下令解除自卫队武装，但王汉能没有在乡公所。突击组进入乡公所时，哨兵毫无觉察，未遇任何抵抗就解除了自卫队的全部武装，

缴获长枪十余支，并烧毁田赋、征兵册。旋即在圩上宣传党的政策和主张，发动群众破仓分粮，有 2.5 万公斤粮食被分给群众。首战告捷，随后部队转战梅县松源、桃尧等地。1947 年 12 月下旬，部队公开向北礤进发，在石寨圩收缴了石寨乡公所、自卫队和郭姓祖尝存放在各店铺的枪支 45 支和弹药一批。

三、攻克蕉岭县城

随着梅州地区游击战争的胜利和游击根据地的建立，粤东支队和地方游击队、武工队的队伍日益壮大。

1948 年 1 月中旬，粤东地委在丰顺马图召开执委第二次扩大会议。会议结束后，发表了《告各界同胞书》，进一步阐明粤东地委和粤东支队的方针政策和奋斗目标，号召全区人民积极参军参战，大力支援解放战争。此后，各县党组织发动了声势浩大的年关斗争，普遍实行减租减息，群众斗争出现了新的高潮。

面对闽粤赣边区熊熊燃烧的革命烈火，国民党广东当局采取各种措施，企图挽救其失败的命运。如制订"半年剿匪计划"，任命曾举直为第六行政区专员，并把第六行政区划分为三个"清剿"区，其中第二"清剿"区指挥所设梅县，辖梅县、蕉岭、平远三县。同时下令各县建立"戡乱"机构，扩大县保警和自卫队，强化基层反动统治力量，妄图在半年内扑灭粤东地区的游击战火。

为了粉碎曾举直部的"清剿"计划，实现攻克蕉岭县城的目标，粤东支队在进军杭武蕉梅途中，采取声东击西、长途奔袭的战略战术，故意放出刘永生要带队伍打回永定的消息，扰乱敌人，其实队伍已转移到梅县桃源。为迷惑敌人，又一路上公开向群众了解松口的敌情，有意制造部队要攻打梅县松口的假象，使敌人难以捉摸粤东支队的真正意图。然而部队却秘密挺进蕉岭北礤水涨田，为攻打蕉岭县城做准备。

1948年2月24日，廖启中带着侦察员来到中共杭武蕉梅边县委驻地水涨田，经研究做出分两路侦察蕉城的方案。一路由蕉岭武工队的刘雨舟、张志姚2人，到蕉城负责侦察和监视敌情，并确定时间，到文福长岗岽迎接攻城部队；另一路由廖启中率领谢志平、郭履洁化装进入蕉城侦察。两路侦察人马机智地走遍全城，观察地形地貌，掌握敌人布防情况。

2月28日下午，刘永生、朱曼平主持召开了作战会议，参加会议的有各队队长、指导员、中共杭武蕉梅边县委负责人及独七大队长等。会议首先由廖启中、郭履洁汇报蕉城守敌的分布情况：蕉城国民党驻军县自卫大队分3个中队，共有百余人，集中驻在平民医院（现人民医院）一带；县警察中队50余人，驻县政府——大门阁楼；刘越民中队三四十人，驻枧厂；钟勇土匪30余人，驻县政府后面，这股土匪身挂短枪，便衣打扮。以上兵力，有作战能力的约250人，配备轻机枪2挺，县自卫大队和县警察中队各1挺。另有一个新兵连驻傅家祠。会议决定于3月2日攻打蕉岭县城。

会上，刘永生作了战前动员和具体的战斗部署："迎队""大队"（为迎接大军南下，粤东支队内设有"迎队""接队""大队""军队"）和独七大队一中队及北礤的一部分民兵，由副支队长廖启中和支队参谋长郑金旺率领，负责解决城内之敌。"军队"占领县城后面的镇山楼附近高地，支援"迎队""大队"的战斗，同时加强对福建岩前敌人的戒备。"接队"负责打援，分别对付新铺和梅县白渡圩来援之敌。命令蕉岭武工队一部分人员回蕉城继续侦察和监视敌情，配合行动；一部分人组织上九岭民兵，破坏蕉城至梅县的电话线路和公路桥梁，以及组织水涨田民兵和群众随部队行动，负责救护伤员和后勤保障工作。同时，为分散目标，牵制敌人。命令独七大队二中队由副大队长饶仁珊、独七大队政治处主任王志安等率领，在桃尧一带活动，收缴枪支，扩大队伍，发动群众筹粮筹款。

1948年2月29日晚，粤东支队、独七大队一中队和民兵共500余人，由水涨田出发，到达营子（武平县属）、桂竹园（蕉岭县属）宿营。支队领导深入各中队进行政治动员，并做好各种准备，全体指战员信心十足，士气高涨。在营子村，挑选了30多名青壮年组成一个排的民夫队随行。3月1日晚，部队沿山路向蕉城进发。经文福的长岗岽时，先期派到蕉城侦察敌情的刘雨舟、张志姚按事先约定，由蕉城前来向支队领导汇报蕉城情况。部队踏上蕉武公路后，在路亭坪剪断了蕉城至文福、武平的电话线路。与此同时，蕉岭武工队队长钟化雨与钟文聪、钟壬盛等人，带领上九岭民兵前往油坑，切断敌军的蕉城至新铺、梅县的交通通信系统，阻击梅县、新铺增援之敌。

3月2日凌晨5时左右，部队到达蕉城北面边缘，"军队"占领镇山楼、老虎坑山顶制高点，各部随后按预定计划向各自目标前进。5时30分左右，总队长刘永生发出攻击令。担任正面主攻国民党县政府的"迎队"到达十字街口、北街一带，突击组从掩蔽处跃出突袭大门前的哨兵，因距离较远，视野开阔，未到达就被敌哨兵发觉，"迎队"随即开火强攻，枪声顿时响彻山城夜空。因县政府的铁栅门锁着，住在铁栅门上面的敌人用两挺机枪固守顽抗，封锁了通道。"迎队"派一个班爬上县政府大门邻近的屋顶掩护进攻，但强攻了几次都因北街地形狭窄，火力难以发挥，没能攻进去。

担任右侧攻击县政府的"大队"，从蕉岭中学操场绕到县府后面。此地筑有高墙，高墙内就是县政府大院。当"迎队"打响后，"大队"听到县政府内人声嘈杂，即乘机向院内投掷手榴弹，一个班冲开了紧闭的后门，进入县政府大院内，但受到敌人阻击，丘恒、谢强、章思敬3人英勇牺牲，另有2人负伤，部队被迫退出。"大队"转而进入考棚下（蕉岭中学学生宿舍），向隔壁的县府看守所进攻，终因房高墙厚，多次进攻未能奏效。

驻忠烈祠的敌新兵连和枧厂的自卫队分别被独七大队一中队和"接队"解决。独七大队一中队随即占领小古屋北的山顶，监视北面武平动静，掩护攻城部队。"接队"占领有利地形，准备阻击梅县援敌。

"迎队""大队"攻打县政府的战斗僵持不下，在指挥员调整兵力，部署新的进攻时，王立朝从镇山楼指挥所下到蕉岭中学钟楼上，找到一支喇叭筒，蹲在阳台水泥栏杆下，居高临下，向县政府守敌喊话，高喊"缴枪不杀、优待俘虏"。他随后到"大队"与指导员赖江平商量，决定用炸药爆破。"轰隆"一声巨响，一股黑烟冲天而上，据守在县政府内的敌人乱成一团，大部分慌忙丢下武器，打开一扇小门，争先恐后逃命。爆破点正好在监狱的墙上，炸出了一个一米见方的大洞，被关押的100多名"犯人"，戴着手镣脚铐，从洞口爬出。"大队"战士从洞口打进县府内，把县政府正门的铁门打开，"迎队"的战士们潮水般冲进国民党县政府，占领了蕉岭县城。

战斗结束后，蕉城各商店纷纷打开店门，城郊的群众也进入县城，涌向街头，欢迎人民子弟兵。政治部分成几个小组，在街上书写、张贴标语口号，散发宣传品。有的站在桌子上向群众发表演说，宣传共产党的政策主张和全国解放战争的大好形势，指出国民党反动派的反动统治一定会灭亡，给群众以极大鼓舞。

国民党梅县县长张简逊得悉粤东支队围攻蕉城的消息后，于午后率两个保警中队乘车赶来援救，到达城郊马鞍潭和谷仓岽背后，受到"接队"的拦截阻击。刘永生在镇山楼指挥所得悉敌增援部队到来，命令战士们用重机枪扫射。敌人受到阻击后，龟缩原地，不敢前进一步。

此役，歼灭敌军自卫队、警察队、新兵连等5个中队，共毙、伤、俘敌（含法院院长、县府官员）90多人，缴获长短枪300多支，子弹1.5万多发，军用物资一大批；摧毁国民党县政府、县党部、法院、监狱等政权机构，烧毁军械库一座等；攻占警察局和自卫队队部，打开监狱释放全部"犯人"，开仓分粮给广大群众。战斗结束后，俘虏经教育后全部释放。部队纪律严明，秋毫无犯，执行保护工商业政策，赢得了各阶层人民的支持和拥护。粤东支队及各部队，在完成任务后于下午4时许撤出蕉城。不久，从蕉城逃脱的国民党县长李秋谷，以"疏于防范"的罪名，被国民党广东省主席宋子文撤了职。

随后，粤东支队各中队和独七大队又分散于松源、桃源、尧塘、南磜、北磜和象洞等地，发动群众，扩充队伍，开展收缴零星枪支、镇压反革命、扫荡反动势力、建立统一战线等工作，巩固和发展了杭武蕉梅边游击根据地。

蕉岭县城是解放战争中闽粤赣边被攻克的第一个县城，威震闽粤边，给刚上台的"剿共"总指挥涂思宗当头一棒，打乱了他妄图以梅县、蕉岭、平远三县武装"会剿梅北"的计划和"扫荡梅埔丰"的军事部署。

第三节　击退国民党对梅蕉武边的军事"清剿"

一、击退敌人在蕉武边的三次进攻

1948年3月中旬，国民党闽粤赣边"剿共"总指挥涂思宗指挥国民党军队，连续对梅州各边县游击根据地实行"扫荡"和"清剿"，其重点进攻目标是梅埔丰（广东省梅县、大埔县、丰顺县）边、埔永（福建省永定县）梅边和杭武蕉梅边。敌军来势汹汹，气焰嚣张，欲找粤东支队和主力决战。梅州人民武装的主力部队，根据敌情，不急求战，采取避敌锋芒、突出外围、伺机行动的对策。

敌人在"围剿"梅埔丰游击根据地铜鼓嶂、阴那山未达目的，只好撤退。在中共埔永梅边县委达到进占坪沙的军事目的后，敌人发起急忙调整军事部署，转而集中兵力，对杭武蕉梅游击根据地发动"扫荡"，企图消灭在这一地区活动的人民武装。粤东支队和独七大队于3月2日攻克蕉岭县城后，转移到蕉岭北磜、梅县松源、武平象洞一带活动，分散动员群众，以小分队袭扰的办法，对付敌人的集中进攻，并开展瓦解敌军的工作。此时，涂思宗亦加紧部署，欲寻找粤东支队主力决战。3月29日，敌人发起第一次进攻，涂思宗派出蕉岭县保安营，由营长林岳率部队从蕉岭县城沿小路出发，经文福、南礤桂竹园疾奔石寨，偷袭粤东支队教导队。教导队遭到突然袭击，仓促应战，边打边撤，来不及撤走的教导队事务长叶祝及地方党员郭建康、郭玉如被俘。郭建康、郭玉如两人于4月9日在蕉城被杀害。4月10日早，敌人发起第二次进攻，在进攻松源旱寨子时扑了个空，转攻北礤水涨田，粤东支队英勇还击，敌死伤多人，被迫退回石寨。敌人恼羞成怒，叫嚣要血洗水涨田。次日，敌人再次进攻水涨田，发现粤东支队已经转移，进村后疯狂报复，大肆洗劫，杀死无辜村民郭江湖。民兵何焕江被抓后被杀害于石寨。在郭玉如家中搜出的抗战时用的大刀、绑腿带，被当成"罪证"没收；在郭坚城家中搜出县委留下的油印毛泽东著作《目前的形势和任务》小册子20多本，刻字钢板1块；全村被洗劫财物30余担。粤东支队和独七一中队移驻岗背张天堂。

粤东支队和独七一中队数百人进驻福建武平岗背村后，消息不胫而走。涂思宗获此情报后，急忙纠集上千人马，组织所谓"六路围剿"，分别从上杭的沙浦，武平的岩前、象洞、将军地，蕉岭的皇佑，梅县的松源等处，向福建武平岗背进攻，妄图一举歼灭人民武装主力。

敌人的企图粤东支队领导早已预料。为了主动打击敌人，消灭其中的一、二路，粤东支队与独七一中队秘密移防，驻防背水口的透水坑，该地山高林密，高山哨位可瞭望松源、中都、象洞、岩前的敌情。驻防部队占据有利地形，构筑工事，据险而待。

1948年4月13日晨，敌人发起第三次进攻，分六路兵力从驻地出发，向岗背合围。

上午9时许，高山哨发现从松源方向来的敌人。刘永生、朱曼平、郑金旺等闻报飞身上山指挥。

10时30分左右，敌闽保三团薛营160多人，大摇大摆进入岗背水口马岽岗休息。

这时，刘永生一声令下，轻、重机枪和排枪同时发出怒吼，粤东支队的"迎队""接队"如猛虎下山冲向敌人，霎时枪声、军号声、喊杀声震撼群山，打得敌人狼狈不堪，仓皇逃窜，溃不成军。

敌人不堪一击，战斗很快结束，共毙敌连、排、班长各2名，士兵20多名，伤敌副营长以下官兵十多名，击散敌兵60余名。

敌主力被击溃，其余五路闻枪声各自缩回驻地，无一路敢前来支援。涂思宗精心策划的"六路围剿"以惨败告终。

战斗中，粤东支队分队长阿芹子牺牲，参谋长郑金旺右肩负伤。

4月中旬，水涨田惨遭洗劫后，谢伦瓒、谢毕真率领独七大队，从北磜转移到南磜高山笔，深入到插峰、高山下、案山背、百丈磜、托上、蓝源村及小蕉坑等地发动群众，开辟新的革命据点。

二、独七一中队在南磜的活动与小蕉坑战斗

岗背战斗粉碎了敌人的六路围攻之后，粤东支队转移到梅县桃尧的鸭子栏窝和埔北案湖村等地。独七一中队休整总结，发展党员，嘉奖了一批指战员，然后向梅埔丰边地区挺进。独七大队则在就地与敌人周旋，开展游击战争。

涂思宗在"十字扫荡"和"重点进攻"失败后，于1948年6月中旬，又按照宋子文的"清剿"计划，炮制了一个"分区驻剿"的方案，实施所谓"固守据点而截'匪'，机动'搜剿'而'歼匪'，联保联座而灭'匪'"的策略；并在各地扶植反动势力，恢复区、乡公所和自卫队，修筑炮楼，举办团防等。

粤东支队转移后，涂思宗仍派重兵驻守杭武蕉梅地区，杭武蕉梅地区的敌情并没有缓和。国民党福建省保安第二、第三团仍驻上杭的中都、武平的岩前、梅县的松源、蕉岭的北磜；蕉岭自卫总队刘水清中队进驻南磜；武平"戡乱自卫队"钟勇、林细满子两个中队进驻武平的象洞、岗背；广东保警独一营驻桃尧、隆文。几乎所有圩镇和较大的村庄都驻有敌兵。被摧毁的敌占区、乡政权和反动自卫武装，又被强令恢复。敌军还到处搜山，摧残革命家属和接头户，限令"自新"，勒索"悬赏款"。涂思宗的总指挥部发出通令："凡拿获刘永生、魏金水者，给赏国币20亿元；拿获张其耀者，给赏10亿元；拿获王志安、谢伦瓒、黄维礼、梁鲁夫者，赏国币8亿元……"并扬言，要在三个月内消灭"共匪"

主力。

在敌人重兵驻守的情况下，边县委和独七大队决定采取打出外围、分散活动、避敌锋芒、开辟新区、发动群众、相机打击敌人的对策。独七大队两个中队分开活动，第二中队继续在梅县桃源、尧塘及福建永定边活动。第一中队于1948年4月中旬在县委书记兼政委谢毕真、大队长谢伦瓒的率领下，由北礤水涨田秘密转移到南礤，在插峰村高山笔雷打坜开辟营地驻扎；在白水礤、蓝源、上下岐山、浒竹坪一带开辟新据点，收缴地主武装；没收前南礤乡长王华民的财产；在王坑子埋伏，击毙刚上任的反动乡长黄亚文，缴获长枪6支，左轮手枪1支。因目标暴露，加上新区供给困难，为避实就虚，一中队于5月中旬又回到蕉武边境，开辟武平、上杭边境地区，解决供给。独七大队决定留下郭履洁、黄庚分别为政治、军事负责人，抽调战士阮炳元、周华甫，炊事员温运招等十余人，组成临时武工队，继续在南礤、蓝坊一带活动。其主要任务是开辟新据点，解决供给，治疗伤病员。临时武工队找好驻地后，把力量分成内外勤两部分，郭履洁负责搞外勤，黄庚负责搞内勤。外勤负责开辟新区，搞钱粮及采买药品、电池、油盐菜等；内勤负责保卫等工作。政治思想和建党工作由两人共同负责。分工后，搞外勤的，不管晴天雨夜，荆棘茅丛，山高路险，每晚出发；搞内勤的查岗放哨，治疗伤病员。虽然生活艰苦，工作紧张，但大家团结一致，精神愉快，伤病员通过积极治疗，病情很快好转，部分提前归队。

1948年6月下旬，独七大队一中队辗转回到南礤，驻扎于临时武工队新开辟的小蕉坑纸寮下。6月29日，国民党蕉岭县自卫大队队长林岳率领两个中队近200人，从蕉城出发，经蓝坊峰口直奔南礤而来。当林岳率领的自卫大队在蓝坊石坑排休息时，被小蕉坑群众发现，立即向独七大队一中队报告。当时独七大队一中队只有四个班武装，包括其他人员50余人，装备较差，于是即增派步哨和高山哨，加强监视。

6月30日早饭后，林岳率领部队带上驻南礤的刘水清中队从三溪口出发，午饭后在墩塘抓了群众朱海洋为他们带路。朱海洋有意领着敌人从山坑小路走，沿途密林峻岭，均是羊肠小道。直至下午4时，敌人才逼近部队驻地背后，打头阵的敌副班长被部队后山步哨打伤。听到枪声，中队长黄庚带领部队急忙冲出门外。刚踏出门口，敌人已冲到离部队驻地十来米处。黄庚迅速向敌人扫了一梭十响快机后，部队边打边撤。而敌人见四面浓林密竹，也不敢贸然向前冲，只是用机枪、步枪向天空乱射。独七大队一中队迅速抢登山头。大队长谢伦瓒、政委谢毕真观察敌情后，立即带领战斗小组向驻地反击。二三十分钟后，敌军全部溃退。这一仗，伤、俘敌正副班长2名，缴获三八式步枪2支，子弹100多发。是晚，部队仍在原驻地宿营。

第二天天未亮，部队即撤离小蕉坑，向右侧山中转移隐蔽。上午，敌人果然又返了回来，到处鸣枪示威，并放火烧掉纸寮，弄得鸡犬不宁。敌人找不到独七大队一中队，便迁怒于群众，杀害了无辜村民2人，打伤群众1人。

第四节　蕉岭的解放

一、中共蕉岭县工委与县人民游击队的成立

1948 年秋，粤东地区人民武装在反"清剿"斗争中取得节节胜利，迫使敌人从战略进攻转入重点防御。嚣张一时的涂思宗因屡战屡败，于 9 月 1 日被宋子文撤职。"闽粤边剿总指挥"由国民党汕头专员俞英奇接任，总部亦随之从松口迁至潮州。薛莜青营由松源撤回福建，驻南礤的刘水清自卫队所剩三四十人也撤回蕉城。至此，杭武蕉梅腹地仅存广东省保警独立第一营和地方武装。这时，广大农村都是武工队控制活动的地盘。国民党县自卫队龟缩在县城内，不敢轻易出动。

1948 年 11 月，中共梅州地委根据形势发展的需要，决定将中共杭武蕉梅边县委领导的蕉岭武工队与中共梅兴平蕉边县委领导的梅北武工队，合并成立中共蕉岭县工作委员会（原在蕉岭县境内活动的南北礤武工队和隆文武工队，仍属中共杭武蕉梅边县委领导），由地委直接领导。24 日，地委书记廖伟来到蕉岭徐溪黄坑村东河岭鼓子坑的老屋场，正式宣布成立中共蕉岭县工作委

员会，任命钟化雨为书记，彭霖为组织部部长，马添荣为宣传部部长。同时成立蕉岭县人民游击队，队长丘丙元。下设三个武工队：三圳武工队，队长钟文聪，副队长钟崇光（钟壬盛）；新铺武工队，队长郑岳尊，副队长林文；徐溪武工队，队长张志姚。以后又设立了两个站：高思载楼坑交通站，站长钟秋；徐溪黄沙税收站，负责人张志姚。

根据地委的部署，县工委的主要任务：一方面是放手发动群众，壮大人民力量，巩固和发展根据地；另一方面是打通至江西寻乌和福建武平边的通道，建立交通线，以迎接南下大军。为此，县工委主要领导作了适当的分工，钟化雨和彭霖率领县游击队北上，打通上述交通线。还组织了一个北上武工队，由张志姚担任队长，约有一个班的兵力，班长陈安祥，队员共13人。他们从铁山嶂出发，经平远锅呂里、东石、泗水，到达江西寻乌的项山。马添荣配合各武工队，继续做好发展新区和开展统一战线工作。

县工委成立不久，接到上级通知，指示县工委书记钟化雨和组织部部长彭霖，率领武工队沿石窟河西北上，到北礤与郭履洁率领的南北礤武工队会合。钟化雨、彭霖带着十多位队员，从黄沙坑出发，经铁山嶂、锅呂里，转向斗米石到长潭的鬼见愁，经八溪里到文福姜畲，再挺进到将军地，然后到南礤的桂竹园。一路上，队伍克服重重困难，经过十多天的长途跋涉，才到达目的地，与南北礤武工队胜利会合。

南北两支武工队的胜利会师进一步壮大了人民游击队的力量。为解决给养问题，武工队决定组建一个税收队，约一个排的兵力，流动于平远柚树河至徐溪桥的小胆子、端风头等地，对运粮的过往船只和汽车，征收10%的税额，解决了部队给养和当地群众度荒的困难。

与此同时，三圳武工队在石窟河两岸积极活动，巩固老区，开辟新区，发展壮大武工队，解决人、钱、枪等问题。他们在上九岭、土坑等老根据地发展党员，成立党组织，分别在这两个村成立了党支部。上九岭支部书记为钟云二，党员有钟天保、钟洪兰等人；土坑支部书记为徐福祥，党员有徐汉杰、徐德轩等人。还成立了农会、民兵、妇女会、儿童团等群众组织。他们从老区出发，向周围开展活动，扩大根据地，每到一地，就发动群众，开展减租减息，清尝废债，收缴枪支，在斗争中提高群众觉悟。武工队本身也在斗争中不断发展壮大，先后参加三圳武工队的有50多人。

1949年年初，三圳武工队与县人民游击队、梅北武工队的部分兵力共40多人，到三圳筹粮，住在寨子坑学堂里。2月12日（农历元宵节）晚，武工队派何端遏带领6人，从寨子坑学堂出发，到洋蛟湖华侨地主华石六（钟伟华）家中筹集钱粮，突然与陈葛光带领的县保安营100多人相遇，敌人开来排枪，何端遏等分散冲出，张罗佛负轻伤。住在学堂里的40多位队员听见枪声后，从后门冲出，边打边撤，回到北礤。游击队队员肖国荣受伤后被俘，惨遭杀害。寨子坑群众钟荣寿也被杀，群众的猪、牛等财物被敌抢光。

为迎接解放大军南下，武工队智取福岭粮仓。武工队队长钟

118

文聪派队员徐增化装前往新铺塘福岭，通过住在粮仓附近的钟文聪姐姐钟金玉了解情况，发动群众破仓分粮。这次破仓，武工队把缴获的三四千块光洋和一些金条交给了上级。

1949年3月上旬，县工委组织部部长彭霖参加中共梅州地委松源径口召开的组织工作会议，回来宣布地委决定，增补钟文聪、郑岳尊为中共蕉岭县工委委员。同时，开展建党工作，重点教育培养一批积极分子为建党对象。

县工委成立后，点线工作的开辟和新区的发展很快，东起土坑、松坪、茶园、下寨里、洋蛟湖、礤背、大地、蓝坊、高思、程官与隆文武工队相连接；南起油坑、新铺、南山、北方、石峰径和梅县的白渡、梅大、半步、丹竹坑与白渡武工队沟通；西至平远的上、下锅舀及东石、长田、热柘，与梅西武工队呼应；北至平远的泗水，蕉岭的长潭、文福和南礤桂竹园，与南北礤武工队相联系。至此，蕉城四周的大片山区，均为游击队所控制。

在解决人、钱、枪等方面，县工委及人民武装也有很大的收获，主要是通过三条渠道：一是继续袭击和摧毁国民党的区乡政权，先后出击了三圳、新铺、蓝坊等区乡公所。二是加强统战工作，区别不同对象，采用征、募、借三种形式。三是通过税收。

新成立的中共蕉岭县工委及县人民游击队，在摧毁敌区乡政权后，遵照中共中央"以能在广大乡村中站稳，为根据地奠定基础"的指示为原则，从地区的选择、党的建设、群众组织的巩固与发展、统战工作的开展等方面，建设、巩固根据地。

在游击战争中，中共蕉岭县工委都选择在边县的山区结合部，

在敌人统治力量较弱、群众基础较好、容易解决给养的山区，如南磜、北磜、蓝坊、高思、徐溪、新铺等地，建立游击根据地。根据地的政权建设，先从基层着手，凡敌区、乡政权被摧毁，反动武装被消灭，敌无力维持与控制的地区，都建立起新政权，派出人员，主持区、乡政权。凡敌区、乡政权虽被摧毁，但敌仍派兵驻扎并重建国民党区、乡政权的地区，则通过统战工作，请能接受中国共产党领导的进步分子或中间人士出任区、乡长，表面上是公开按照国民党的布置办事，暗中则接受中国共产党的领导，以革命的两手对付国民党。

在游击区内，充分发动群众建立群众组织，放手发动群众反"三征"，破仓分粮，减租减息，逐步建立农会、民兵、妇女会、儿童团等组织，发挥各组织的作用。这些组织支持革命，在掩护武工队、带路、站岗放哨、探听消息、传递信件、采购物资、募钱募粮、挑运战利品、护理伤病员等方面作出了极大的贡献，充分显示了人民群众的伟大力量。

1948年3月2日在粤东支队、独七大队攻克蕉岭县城时，水涨田等地就出动了100余名民兵做支前工作。从1948年5月至1949年3月中旬，在南北磜区人民民主政府成立的近一年时间里，南北磜武工队发动群众建立了农会组织8个，有会员200多人，民兵队8个，民兵100多名。在农会、民兵的协助下，募捐粮食300石、布匹一批，收缴长短枪20多支，子弹6000多发，手榴弹5颗，毙敌1人，俘敌19人；为游击队输送干部、战士30多人，支援游击队枪支15支。

从 1948 年春至 1949 年 4 月，先后有蕉岭武工队、梅北武工队、徐溪武工队、三圳武工队、新铺武工队、蕉岭人民游击队、一支队司令部、二团（星火队）、四团等部队，在徐溪各村驻扎，前后共有 600 多人。

建立了徐溪游击根据地，组织农会 6 个，会员 385 人，民兵队 6 个，民兵 264 人。根据地的各党组织做了大量工作：一是协助武工队设站收税，累计收光洋 1860 块，稻谷 16 万多公斤。二是开展反"三征"斗争，获光洋 495 块，稻谷 5.5 万余公斤。三是收缴长短枪 27 支。四是民兵参战 25 次，共出动 457 人次。另外，武工队还为部队输送兵员 27 人。

三圳的上九岭村，是解放战争时期游击队的中转站和联络点。在粤东支队和独七大队攻打蕉岭县城时，上九岭的民兵密切配合蕉岭武工队，剪断了蕉城与新铺、梅县的电话线路。

攻克蕉城后，上九岭游击根据地被暴露。国民党县政府把被捕的游击队员钟权寿，押到上九岭山门口杀害。

高思的大坑尾村，地处梅蕉两县边沿，与梅县的隆文毗邻，背靠大峰嶂、尖峰笔两座大山。1948 年 4 月，李振龙率领隆文武工队到这一带活动，开辟为游击队的基点村。

后来在这里设立了一个交通站，由李桂云负责，接待过许多过往的武工队。这个交通站后来归属于蕉岭徐溪黄坑交通总站，与三圳九岭等 19 个交通站结成严密的交通网络，联结着东南和西北的游击活动区域。

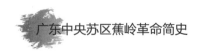

二、南北礤、高蓝区人民民主政府的成立

1949 年，随着春季攻势作战的不断胜利，梅州各根据地不断扩大，农会、民兵、妇女会、青年团等群众组织普遍建立起来，减租减息工作全面开展。由基层群众到上层民主人士，都要求建立民主政权。在杭武蕉梅地区，1949 年 2 月 13 日，宝坑战斗胜利后，驻尧塘的国民党保警独一营徐育达连当天撤回松口，驻松源新圩的该营营部及三、四连，也于第二天一早撤回松口。独七大队和各武工队配合一支队二团，乘胜扫荡了各乡重建的反动武装和乡公所，几天内解放了南礤、北礤、松源、尧塘、隆文等连片地区。3 月上旬，中共梅州地委在驻地松源径口召开建立政权的会议，在总结松源区人民民主政府建政经验后，批准成立南北礤区和高思区人民民主政府。

1949 年 3 月中旬，南北礤区人民民主政府在南礤步上成立，区长兼指导员郭履洁，副区长范树德。区政府下设组织、宣传、民政、财粮、妇女、文书、炊事员各 1 人，另设区武装队，队员 20 人。

区政府一成立，就碰上了严重的春荒，物资紧缺，物价飞涨，许多贫苦农民以糠羹、野菜度日。区政府在地委、县委的领导下，积极做好支前工作，用征、募、借等办法，大力筹集粮食、物资，供给机关、部队。征募的主要对象是各姓的祖尝谷和殷实户，重点地区是敌人盘踞的村庄。区政府先后向敌占区三溪口、石寨等村，共筹集大米三四百石，其中仅石寨就征集了近 200 石。同时努力抓好生产救荒。各村普遍组织有各阶层代表人物参加的"救荒委员会"，在农会的领导下，集资开荒种杂粮，根据各村情况，有的合伙开荒，有的互通有无借粮度荒，有的搞副业生产竹制品等。地委通知有木材的地方，可以募树救荒。区政府即以北礤皇佑村为重点，向各姓公尝山募成材木20%~50%。砍伐后运至河头，扎木排运到潮汕卖出，买回粮食，定量分发给农民。救荒会实行民主理财，账物公开，月结上墙公布，村民十分满意。区政府做一步，总结推广一步，使群众度过了严重荒灾，大大提高了党和政府以及农会在群众中的威信。

在解决群众度荒的同时，区政府还抓好建立健全农会、民兵组织，维护社会治安。

为了巩固新生的区人民民主政权，区政府成立后，采取有力措施，大力抓好培养骨干，建立党、团组织及村政权等工作。由于区政府基本上是在当地武工队的基础上组建的，情况熟悉，在工作中注意发现和培养积极分子，对出身好、思想觉悟高的加强教育，定为建党对象。北礤的何开永、梁素梅、肖文春、何寿新、郭伟康、郭坚城、郭新发、郭尚仁，南礤的郭耀昌、刘日昌等一大批骨干，后来多数入了党，大部分参加了各级政府和部门的工作。在条件具备的村建立党组织，北礤的皇佑村首先成立了党支部。

村政权的建立，一般以自然村和国民党统治时"保"的区划范围为一个行政村，当时全区规划建16~18个行政村。为便于管理，中共梅州地委决定，把一向属南礤管辖，但地理位置靠近松

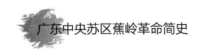

源的田心、山塘子等村划归松源。村政府设半脱产或不脱产的村长、副村长、财务、文书等，负责该村的行政、生产、治安、调解、财务等工作。

1949年3月1日，一支队司令部及直属二团来到高思程官铺，在黄德维的家乡大窝里隐蔽。第二天晚上，由黄德维带领一个行动小组，到村中逮捕敌乡长黄玉明，要求其下令自卫队缴械投降。同时，行动小组迅速从四面包围了乡自卫队，自卫队敌人负隅顽抗，在二团机枪、手榴弹的猛烈攻击下，敌自卫队队长黄政元率全体士兵放下武器投降。此战计缴获长枪30余支，短枪1支，子弹3000余发；还收缴了国民党将领黄涛及黄干英家中短枪1支，电话机2部，炸药1箱。当天，在程官村祠堂门口召开了村民大会，一支队司令员郑金旺在会上讲话，畅谈革命的大好形势，号召人民行动起来，迎接大军南下，解放全地区。全村人民受到极大的鼓舞。

由于敌乡公所和自卫队仍然盘踞在高思，区人民民主政府不可能有固定的办公地点，也不可能履行固定的行政职能，仍旧带着武工队的色彩，行踪无定，区政府的大印还在背包上。不过政治影响却大不相同了，广大群众第一次看到区人民政府的安民告示，心情振奋，增强了胜利的信心。

黄德维、李振龙参加中共梅州地委径口会议，接受了任务回到高思后，随即成立高思区人民民主政府，黄德维任区长，李振龙任指导员，管辖高思、程官铺、大地3个大村。区政府成立后，主要做了两件工作：一是继续开辟新区。经过3个月的宣传发动，开辟了边沿地区，打通了通往隆文、白渡、松口、三圳、蓝坊的交通线。二是壮大革命力量。主要是扩大区政府工作人员和为部队筹钱、筹粮、安排驻地，收缴枪支、弹药，为部队输送新战士等。

1949 年 5 月，蕉岭和整个粤东地区得到了解放，高思区人民民主政府改名为高蓝区人民民主政府，辖区增加了原来的蓝坊乡。

三、黄沙坑伏击战

1949 年春，按照中共香港分局和闽粤赣边区党委的战略进攻决策和军事部署，边纵一支队在中共梅州地委的领导下，乘大好时机，开展了声势浩大的春季攻势。

一支队在中共杭武蕉梅边县委和独七大队的配合下，扫荡杭武蕉梅边的反动武装，再次摧毁了梅县松源、尧塘、隆文和蕉岭南礤、北礤五个敌人重建的乡公所和自卫队，共缴枪 200 多支。3 月初又解放了蕉岭的高思、程官铺，使杭武蕉梅边解放区连成一片。

为进一步加强梅兴平蕉边的力量和扩大主力部队，中共梅州地委和边纵一支队决定以程严独立营为基础，从独三大队和独七大队抽调部分武装，合编为中国人民解放军闽粤赣边纵第一支队第四团（下称四团）。

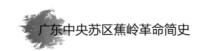

1949年4月中旬，四团奉命秘密开赴梅蕉平边，经过3个晚上夜行军，于4月16日到达蕉岭徐溪黄沙坑下村一带。这时，中共蕉岭县工委领导的县人民游击队在摧毁敌蓝坊乡公所后，根据地委的指示，集合在黄沙坑整训，并把县人民游击队扩编为独立第二大队。队伍突然增加200多人，给养发生很大的困难。为了解决这个问题，中共蕉岭县工委负责人和四团的领导决定在徐溪设点收税。

4月22日晚，国民党蕉岭县自卫大队由大队长林岳、副大队长陈葛光率领两个连120多人连夜进入徐溪高车村，天亮前在徐溪桥北面的山下埋伏，妄图消灭税收队。幸亏高车村农会会员陈连玉及时报告了敌情，税收队立即撤离并将敌情报告县工委和四团领导。饶仁珊团长得到情报后，立即召集排以上干部开会，部署、下达战斗任务。部队马上占领有利地形，在黄沙坑设下伏击圈，待敌人进入口袋时将其全歼。饶团长率领二连在主攻阵地配置强大火力；副团长刘安国率领一连，占领山下村尾的饭箩墩，堵截敌人并负责阻击梅县石扇增援之敌；三连由政治部主任陈程明率领，登上山下村口西山坡的乌石岗，切断敌人的退路。独二大队的一部分，由彭霖、马添荣等带领，占据山下村高坡坑前的东山坡，配合四团二连主攻；另一部分由钟化雨率领登上高陂坑后的山顶，防止敌人从后面袭击。黄沙湾子里、山下村、高陂坑、野猪畲、臭油坑、甜竹凹和三坑村等地的民兵也被编入战斗单位，协同部队作战。300多人的部队隐蔽得很严密，等待敌人进来。

午后时分，敌人的先头部队进入二连机枪的射程内，副连长陈志洪、机枪手王守如不动声色，等敌人靠近时再开火；但敌人的队伍拉得很长，后续一个排的敌人还没有完全进入伏击圈，埋伏在山下村屋后的民兵已沉不住气抢先放了一枪，饶仁珊团长只得下令开火。部队居高临下朝敌人猛烈射击，枪声和手榴弹爆炸声响彻山谷，打得敌人抱头鼠窜。号兵吹响冲锋号，部队如猛虎下山，奋力冲杀。凌厉的攻势迫使敌人停止了抵抗，一个个从草丛中、田埂下、山坑里出来举手投降。除未进入伏击圈的敌兵约一个排慌忙逃窜外，经一个小时的战斗，共毙敌2人，俘获68人，缴获机枪1挺（排长李志光缴获），长短枪75支，弹药一批。四团排长李志光和独二大队战士陈其火负了轻伤。黄沙坑战斗的胜利，惊动了国民党广东省政府，国民党蕉岭县县长曾涤民被撤职，由陈英杰接任。

1949年4月28日，独七大队又消灭了文福与广福交界分水凹设置的"护路队"，俘敌十多人，缴获长短枪9支，手榴弹5颗，子弹380多发。广大军民沉浸在胜利的喜悦中，群众宰鸡杀猪慰劳部队。群众热情高涨，纷纷踊跃报名参军，一下子就扩大一个连。此时，蕉岭的徐溪、新铺，梅县的石扇、梅屏，平远的热柘连成了一片游击根据地。

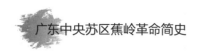

四、解放蕉岭县城

1949年4月底，中共梅州地委和边纵一支队领导研究分析了宝坑战斗和黄沙坑战斗后的敌军动态，特别是保警独一营营长蓝举初（该营第一连在宝坑被全歼后，蓝举初时刻担心俞英奇的惩处），以及保警十二团团长魏汉新与俞英奇的矛盾，并决定抽调陈柏麟、梁世育成立敌军工作组。工作组通过李昌庆，很快就与独一营蓝举初约定，5月10日晚在离松口西部5里地的一间山神庙里会面。第二天上午，工作组会见了十二团团长魏汉新，争取他在解放蕉城时首先起义。蓝举初马上回营部布置准备起义并写好起义的指令，叫李昌庆持函，陪陈柏麟一同到隆文见地委书记廖伟和副书记陈仲平。

经过协商，保警独一营决定于5月14日在蕉岭县城起义。保警独一营原有四个连编制，李昌庆连及营部驻松口，张爱群连驻宝坑（1949年2月在宝坑战斗被全歼），徐育达连驻新铺，廖石磷连驻蕉岭。蓝举初命令各连官兵于14日黎明前赶到蕉城东面的山地集结，做好起义的准备，配合解放军攻打蕉城。与此同时，5月12日，中共梅州地委书记廖伟、副书记陈仲平，与一支队司令员郑金旺一起研究作出了攻打蕉岭县城的部署，并通知在平远的支队领导王立朝、黄戈平率四团迅速返回蕉岭；命令二团、四团、独七大队和独二大队，于13日晚在蕉岭城郊集结，包围蕉岭县城。

5月14日凌晨，在地委主要领导人廖伟、陈仲平的率领下，中国人民解放军闽粤赣边纵队第一支队二团（星火队）、独立第七大队从蕉岭蓝坊向蕉城进发，攻城总指挥部设在溪峰口牌坊下。司令部按预定作战部署发出命令，由蓝营起义部队负责主攻，二团、独七大队及地方武工队相互配合，一齐攻城。蓝营部队进入县政府大门后，首先包围了警察局，解除了他们的武装，同时扣留了县政府内的全部人员，控制了县政府。但县长陈英杰潜逃了，县自卫队队长林岳则领兵据守各点，一个排占据了镇山楼的制高点，还分兵把守了罗家祠、赖家祠、枧厂等地，他们凭借有利地形和防御工事，负隅顽抗。攻城部队首先用枪榴弹攻打镇山楼碉堡，火力很猛，打死了敌排长，夺下了碉堡，控制了高地。这时，作战指挥部立即增派兵力，全面投入战斗。部队迅速登上横岗山头及东山岽的制高点，用重机枪扫射，掩护增援部队进城。攻城部队一路沿着横岗的山下排匍匐前进，绕过山脚向城内进攻；另一路由田段中沿着磨坊下的引水圳前进，占据了蕉岭车站。驻扎在东南面碉堡里的守敌用机枪阻击，经过一个上午的激烈战斗，攻城部队打垮了各点守敌。下午3时，全面占领县城。县自卫大队队长林岳率领三四十人退至县城西北，踞守炮楼继续顽抗。傍晚，林岳、陈英杰率领残部逃入长潭天马山，占据高台庵一带。

同一天，一支队四团的部分兵力和独二大队会同地方武工队，扫荡了新铺、三圳的自卫队及涂思宗的老家，歼敌一个排后，挥师进入蕉城。至此，除长潭一部分山地外，蕉岭全境解放。此战共毙、伤、俘敌100多人，缴获轻机枪3挺，八二式迫击炮2门，

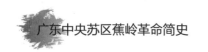

枪榴弹筒 2 支，长短枪 200 多支，子弹 1 万多发。

部队进城后，即以闽粤赣边纵队一支队的名义，由司令员郑金旺颁布安民告示，并成立了蕉岭县军事管制委员会，初由边纵一支队二团团长刘铁珊任军管会主任，李国瑶、谢伦瓒任副主任，后改由王志安任主任，钟化雨任副主任。6 月 1 日，成立蕉岭县人民民主政府，钟化雨任县长，黄德维任副县长。

五、扫除长潭残敌

蕉岭县城解放，全县人民欢欣鼓舞。但原国民党政权的伪县长及县自卫大队队长带其反动武装残部逃到长潭，并纠集地方反动残余分子共 120 多人，盘踞在长潭，分驻在蛤蟆鲶、高台庵、砧头岽和林丹九祠及其对面的庙内，扼守着蕉城进入山门的路口。这股反动武装设置岗卡、搜刮民财、强征粮食，还经常在夜间派出小股匪徒窜入城里放冷枪，扰乱民心；凭借长潭天险、隔水背山、居高临下的有利地形，负隅顽抗。叫嚣以长潭河为界与人民政府抗衡。反动气焰甚为嚣张，群众恨之入骨。

为消灭这股反动武装，地委动员起义将领李洁之、林君勋、练惕生等到蕉岭做劝降工作。经过两次谈判，对方认为胡琏兵团即将南窜，形势对他们有利，根本没有和谈诚意，狂妄地提出划地而治等无理要求。地委和一支队司令部决定调动兵力会剿顽敌，彻底消灭这股残匪。

1949 年 6 月 19 日早晨，根据一支队司令部的部署，二团、独五团派部队从正面发动主攻，消灭在林丹九祠和对面庙里的敌人，并用强大的火力掩护部队渡河，直取高台庵高地；独八团的一部分兵力，从平远泗水方向压来，堵截敌人向西北溃逃的退路；暂编三团的兵力，在支队司令部直属部队的炮火掩护下，从高陂头方向渡河，夺取砧头岽高地的重机枪阵地；独九团则在山下坪树林里隐蔽待命。

战斗一打响，炮声隆隆，烟雾滚滚，3 个据点的敌人，自恃有利地形，对峙顽抗。高台庵的敌人又从后面向砧头岽高地增援。战斗打了 1 天，敌人在强大火力的攻击下，逐渐败退。正面主攻的部队胜利攻占了林丹九祠及对面高台庵前守敌的火力点。进攻至渡口后，因缺船工，没有渡河的工具，敌人又居高临下，第一天没能攻下高台庵。暂编三团渡河后，推进到砧头岽高地下面的山头，因炮火射程有限，无法得到炮火的支援，高地的重机枪阵地也没能拿下。

第二天，司令部调整作战进攻部署，从两个方面形成腹背夹攻之势，向敌发起攻击。经过激烈战斗，首先攻占砧头岽拿下敌重机枪阵地，接着攻占高台庵，到下午战斗胜利结束。除伪县长及县自卫大队队长带几个侍卫潜逃外，俘敌 108 人，而进攻部队无一伤亡，缴获重机枪 1 挺，轻机枪 2 挺，各式长短枪 40 余支，彻底摧毁了在蕉岭的国民党武装。

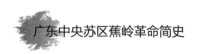

六、抗击胡琏兵团残部窜扰，保卫新生政权

中华人民共和国成立后，蕉岭县人民民主政权加紧接管工作，积极开展各项建设，安定社会秩序，恢复和发展生产。这时，驻江西的国民党胡琏兵团残部，在南下大军的追击下，为保存实力，逃脱被歼灭的命运，于1949年7月初，分两路向南逃窜。残兵一路从江西瑞金进入闽西长汀、上杭、武平、永定至大埔；另一路（第十军）从江西会昌、寻乌进入平远、蕉岭、梅县、兴宁。

7月3日下午，胡琏兵团残部南路的一个团（番号"雄狮"）1000多人，由江西寻乌越过闽粤赣三省交界处的项山，经湖洋窜扰平远差干，受到驻在差干白炮楼的一支队八团一连一排的顽强抗击。4日，中共梅州地委派王志安到蕉岭传达部署抗击胡琏兵团残部工作，决定县党政机关暂时退出县城。蕉岭县党政机关和军管会与中共梅州地委、边纵一支队司令部向东面蓝坊、高思方向转移；各区、乡、村政权及武装人员，原地隐蔽活动；九团兵力则分东西两路撤出，东路由团长余杜和率领第一连和公安队随县党政机关转入东面山区，主要任务是随军管会行动，保卫军管会，并把100多名在押犯人解押进山。

7月6日晚，县党政机关开始陆续撤出蕉城，转移驻扎在蓝坊峰口的昌义楼。边纵一支队司令部则设在高思小学附近的汤屋。武装部队也随机关转移，把100多名犯人押管到蓝坊的中村小学看管。县军管会把张轰等十多人分配到高蓝区人民民主政府，以加强当地武装力量。西路由中共武平县委、军管会和驻扎武平的

132

边纵一支队十团组成,分三队撤出县城。一队由饶练带领,撤至蕉岭的南北礤;二队由郭履洁带领,撤到北礤的皇佑村;三队由谢启发带领,撤至武平的象洞。

7月16日,胡琏兵团残部数千人马由新铺窜扰进犯蕉岭,除驻防蕉城外,还派兵分驻在文福、兴福、三圳、新铺沿公路一带的大片村庄,重新扶持陈英杰上台当县长,建立区乡基层反动政权。蕉岭人民在中共梅州地委和中共蕉岭县委的领导下,团结一致,同仇敌忾,大力支援解放军、武工队在山区开展抗击胡琏兵团残部的游击战争。

7月18日晚,中共梅州地委秘书长、一支队政治部主任黄戈平带领九团和四团等转移到三山蓝坊肚休整。7月19日,东岭的反动分子吴松林等窥探到部队已经转移到了蓝坊肚后,秘密到蕉岭县城向胡琏兵团残部通风报信,并加紧策划"进剿"驻在三山蓝坊肚的部队。经过一番筹划以后,胡琏兵团残部派出番号"飞虎""三溪"等部队300多人,分两路进山袭击驻三山蓝坊肚的部队,并在沿途抓人带路。两路胡琏兵从东、南两个方向袭击三山蓝坊肚的部队。从南面龟子窝来的敌军,通过龟子窝尾九团班哨位时,班哨迟迟未发觉,又没有及时开枪阻击,黄戈平匆忙指挥部队向马头耳方向登山。这时,敌人已占据了有利地形,在驻地后的山坡上,以密集的机枪火力,向撤到马头耳半山腰的部队猛烈射击。四团设在北面马头耳山上的排哨(由四团副排长刘义带领)用火力还击,打退了敌人的多次进攻,但难于压制敌人的强大火力。由于地形不利,部队遭到严重的伤亡,牺牲三四十人,

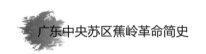

受伤和被俘20余人，指挥员黄戈平壮烈牺牲。上午10时左右，胡琏残兵撤回榕树村的临时指挥部，在那里停留了一段时间后，因害怕遭到袭击，便匆匆撤回蕉城。

7月下旬，中共梅州地委、边纵一支队司令部和县党政军机关已向高蓝区的龙潭、梨树坑等地转移，一支队司令员郑金旺也接到群众报告，发现大批胡琏残兵从高思大坑尾和载楼坑方向窜来。他立即指挥武装部队进行阻击，掩护撤退，歼灭了部分敌人后，队伍安全转移，继续在高蓝区和南北磜区的大片山地里辗转与敌人周旋。

县党政军机关转入山区开展游击活动后，新铺、三圳、广福等地的区中队（工作团）发动和组织群众，抢时间夏收，向圩镇工商户收税，为进山的机关、部队筹募钱粮，解决给养。同时，利用当地熟悉的地形地物，依靠群众、民兵伏击和骚扰敌人。7月17日，胡琏残部一个营的兵力进驻洋蛟湖、三圳圩一带，游击根据地上九岭村又一次遭受洗劫。在敌人到处拉丁杀人、抢劫财物、放火烧屋的情况下，九岭村人民群众，仍然不畏艰险，积极筹集粮食，星夜抢割稻谷，送给山里开展游击斗争的部队和机关。

在敌情十分严重的情况下，县委委员、三圳区区长钟文聪率领区中队到三圳圩收税。何端暹背着收税收到的300多块大洋跑在最后，坚持把税款全部背回磜背，胜利完成任务。

中共土坑村支部书记徐福祥，接到中共三圳区委部署的支前工作任务后，连夜抢割完自己家里的早稻，支援部队；并动员各家各户抢收夏粮，带领群众筹粮，砻谷舂米，运到山区部队去。7

月 24 日，徐福祥到三圳圩侦察敌情，被三圳自卫队的便衣队发现，不幸被捕。徐福祥被捕后，经受了敌人惨无人道的酷刑，但他立场坚定，宁死不屈，惨遭敌人杀害。

7 月下旬，在胡琏残部窜扰徐溪乡村时，当地民兵除监视敌人活动外，还配合新铺区中队在黄坑公路上伏击敌军，炸掉敌军车一辆并打伤一名敌军副师长。

在胡琏残部窜扰广福时，岩广工作团有计划地撤退到留畲的野胡顶，守在高山上监视来犯之敌。一天，当地反动分子联络叛徒吴汉恒，向胡琏驻文福部报告岩广工作团的行踪。胡琏部队连夜出动一个营的兵力，企图包围岩广工作团。敌情严峻，岩广工作团趁黑夜下山，在夜深人静时进入留畲村，借杨家祠堂休息，并派出小分队到群众家里购买粮食。天快亮时，忽然传来枪声，敌人步步逼近。工作团钟建民等迅速开枪还击，掩护撤退。工作团边打边撤，终于借着漫天大雾安全撤离险境。

8 月，南下大军解放了赣南广大地区，直逼兴梅，胡琏残部害怕被人民解放军歼灭，仓皇向潮汕方向撤退。8 月 28 日，胡琏残部蕉城守敌弃城而逃。9 月 1 日，蕉城人民喜气洋洋，迎接县党政军机关重进蕉城。

蕉岭人民在中国共产党领导下，经过 20 多年的英勇斗争，终于获得了解放。许多革命前辈为革命的胜利献出了宝贵的生命，付出了巨大的代价。中华人民共和国成立后，蕉岭人民进入了社会主义革命和建设的新时期。

后 记

　　在中国共产党成立 100 周年之际，《广东中央苏区蕉岭革命简史》出版了。这是为了广大读者更好地了解蕉岭人民在中国共产党领导下，在大革命时期、土地革命战争时期、全民族抗日战争时期和解放战争时期的奋斗历程而精心编写的一部党史著作，是铭记光辉历史、传承红色基因的一份精神食粮，也是向中国共产党成立 100 周年的献礼。

　　为深入学习贯彻习近平总书记关于传承红色基因、弘扬革命精神的重要论述，贯彻落实全省老区苏区振兴发展工作现场会议精神，促进广东省红色文化资源的挖掘整理和保护利用，中共广东省委党史研究室部署要求原中央苏区范围的县（市、区）编纂革命简史。县委领导对这项工作高度重视，要求县委党史研究室集中精力、全力以赴，高质量地完成《广东中央苏区蕉岭革命简史》的编纂工作。县委党史研究室成立了以徐志良主任为组长、全室人员参与的编纂工作小组，明确了编纂人员的职责任务。县委党史研究室原主任徐和达参与了编审工作。

　　《广东中央苏区蕉岭革命简史》以《蕉岭人民革命史》为基

础，认真参考了《蕉平寻苏区史料汇编》《红四军来梅资料汇编》《红四军梅城战役史料汇编》《中国共产党广东省蕉岭县组织史资料（第一卷）》等史书，以及蕉岭县申报原中央苏区材料和有关历史档案资料，充实了蕉岭苏区土地革命运动、融入中央苏区过程、开展反"围剿"斗争等史料内容，力求全面客观地反映当年蕉岭苏区革命斗争的真实历史。

按照中共梅州市委党史研究室印发《关于编纂〈广东中央苏区革命简史〉丛书的通知》要求。我们对《蕉岭人民革命史》删繁就简，并对个别记述欠妥的地方作了补充修正。初稿撰写完成后，曾进行多次讨论修改补充，经中共梅州市委党史研究室、中共广东省委党史研究室审定后，交付广东人民出版社编印出版。

《广东中央苏区蕉岭革命简史》的编纂，得到中共广东省委党史研究室、中共梅州市委党史研究室有关领导和专家的指导，也得到李淼达等一些老同志的支持帮助，在此谨表谢意；并向为本书编辑出版付出辛勤劳动的广东人民出版社表示衷心的感谢。

由于年代久远，史料不全，编写时间仓促，加之编者水平有限，书中难免会有疏漏，不足之处，敬请广大读者批评指正。

编 者

2021 年 3 月